VIOLÊNCIA

Coleção Clínica Psicanalítica
Títulos publicados

1. **Perversão**
   Flávio Carvalho Ferraz
2. **Psicossomática**
   Rubens Marcelo Volich
3. **Emergências Psiquiátricas**
   Alexandra Sterian
4. **Borderline**
   Mauro Hegenberg
5. **Depressão**
   Daniel Delouya
6. **Paranoia**
   Renata Udler Cromberg
7. **Psicopatia**
   Sidney Kiyoshi Shine
8. **Problemáticas da Identidade Sexual**
   José Carlos Garcia
9. **Anomia**
   Marilucia Melo Meireles
10. **Distúrbios do Sono**
    Nayra Cesaro Penha Ganhito
11. **Neurose Traumática**
    Myriam Uchitel
12. **Autismo**
    Ana Elizabeth Cavalcanti
    Paulina Schmidtbauer Rocha
13. **Esquizofrenia**
    Alexandra Sterian
14. **Morte**
    Maria Elisa Pessoa Labaki
15. **Cena Incestuosa**
    Renata Udler Cromberg
16. **Fobia**
    Aline Camargo Gurfinkel
17. **Estresse**
    Maria Auxiliadora de A. C. Arantes
    Maria José Femenias Vieira
18. **Normopatia**
    Flávio Carvalho Ferraz
19. **Hipocondria**
    Rubens Marcelo Volich
20. **Epistemopatia**
    Daniel Delouya
21. **Tatuagem e Marcas Corporais**
    Ana Costa
22. **Corpo**
    Maria Helena Fernandes
23. **Adoção**
    Gina Khafif Levinzon
24. **Transtornos da Excreção**
    Marcia Porto Ferreira
25. **Psicoterapia Breve**
    Mauro Hegenberg
26. **Infertilidade e Reprodução Assistida**
    Marina Ribeiro
27. **Histeria**
    Silvia Leonor Alonso
    Mario Pablo Fuks
28. **Ressentimento**
    Maria Rita Kehl
29. **Demências**
    Delia Catullo Goldfarb
30. **Violência**
    Maria Laurinda Ribeiro de Souza
31. **Clínica da Exclusão**
    Maria Cristina Poli
32. **Disfunções Sexuais**
    Cassandra Pereira França
33. **Tempo e Ato na Perversão**
    Flávio Carvalho Ferraz
34. **Transtornos Alimentares**
    Maria Helena Fernandes

35. **Psicoterapia de Casal**
Purificacion Barcia Gomes
Ieda Porchat

36. **Consultas Terapêuticas**
Maria Ivone Accioly Lins

37. **Neurose Obsessiva**
Rubia Delorenzo

38. **Adolescência**
Tiago Corbisier Matheus

39. **Complexo de Édipo**
Nora B. Susmanscky de Miguelez

40. **Trama do Olhar**
Edilene Freire de Queiroz

41. **Desafios para a Técnica Psicanalítica**
José Carlos Garcia

42. **Linguagens e Pensamento**
Nelson da Silva Junior

43. **Término de Análise**
Yeda Alcide Saigh

44. **Problemas de Linguagem**
Maria Laura Wey Märtz

45. **Desamparo**
Lucianne Sant'Anna de Menezes

46. **Transexualidades**
Paulo Roberto Ceccarelli

47. **Narcisismo e Vínculos**
Lucía Barbero Fuks

48. **Psicanálise da Família**
Belinda Mandelbaum

49. **Clínica do Trabalho**
Soraya Rodrigues Martins

50. **Transtornos de Pânico**
Luciana Oliveira dos Santos

51. **Escritos Metapsicológicos e Clínicos**
Ana Maria Sigal

52. **Famílias Monoparentais**
Lisette Weissmann

53. **Neurose e Não Neurose**
Marion Minerbo

54. **Amor e Fidelidade**
Gisela Haddad

55. **Acontecimento e Linguagem**
Alcimar Alves de Souza Lima

56. **Imitação**
Paulo de Carvalho Ribeiro

57. **O tempo, a escuta, o feminino**
Silvia Leonor Alonso

58. **Crise Pseudoepiléptica**
Berta Hoffmann Azevedo

59. **Violência e Masculinidade**
Susana Muszkat

60. **Entrevistas Preliminares em Psicanálise**
Fernando José Barbosa Rocha

61. **Ensaios Psicanalíticos**
Flávio Carvalho Ferraz

62. **Adicções**
Decio Gurfinkel

63. **Incestualidade**
Sonia Thorstensen

64. **Saúde do Trabalhador**
Carla Júlia Segre Faiman

65. **Transferência e Contratransferência**
Marion Minerbo

66. **Idealcoolismo**
Antonio Alves Xavier
Emir Tomazelli

67. **Tortura**
Maria Auxiliadora de Almeida Cunha Arantes

68. **Ecos da Clínica**
Isabel Mainetti de Vilutis

69. **Pós-Análise**
Yeda Alcide Saigh

70. **Clínica do Continente**
Beatriz Chacur Mano

COLEÇÃO CLÍNICA PSICANALÍTICA
Dirigida por Flávio Carvalho Ferraz

VIOLÊNCIA

Maria Laurinda Ribeiro de Souza

Casa do Psicólogo®
uma empresa PEARSON

1ª Edição	*2005*
1ª Reimpressão	*2006*
2ª Reimpressão	*2012*
3ª Reimpressão	*2014*
Editor	*Ingo Bernd Güntert*
Gerente Editorial	*Fabio Alves Melo*
Coordenadora Editorial	*Marcela Roncalli*
Assistente Editorial	*Cíntia de Paula*
Adaptação Ortográfica	*Patrícia de Fátima Santos*
Diagramação	*Sergio Gzeschenik*
Capa	*Yvoty Macambira*

Dados Internacionais de Catalogação na Publicação (CIP)
Angélica Ilacqua CRB-8/7057

Souza, Maria Laurinda Ribeiro de
Violência / Maria Laurinda Ribeiro de Souza. - São Paulo : Casa do Psicólogo, 2014. - (Coleção clínica psicanalítica / dirigida por Flávio Carvalho Ferraz).

3ª reimpressão da 1ª edição de 2005
ISBN 978-85-7396-416-5

1. Psicanálise; 2. Psicologia clínica; 3. Violência - aspectos psicológicos. I. Título II. Ferraz, Flávio Carvalho III. Série

14-0098 CDD 155.92

Índices para catálogo sistemático:
1. Violência – aspectos psicológicos

Impresso no Brasil
Printed in Brazil

As opiniões expressas neste livro, bem como seu conteúdo, são de responsabilidade de seus autores, não necessariamente correspondendo ao ponto de vista da editora.

Casapsi Livraria e Editora Ltda.
Avenida Francisco Matarazzo, 1500 - Conjunto 51
Edifício New York - Centro Empresarial Água Branca
Barra Funda - São Paulo/SP - CEP 05001-100
Tel. Fax: (11) 3672-1240
www.casadopsicologo.com.br

Para meus filhos,
André, Tiago e Luis.

Sumário

Agradecimentos 11

Prefácio: Uma micropolítica das violências contemporâneas, por Maria Cristina Gonçalves Vicentin 13

1 - Terra de ninguém: violência e vulnerabilidade 27
A sensibilidade específica de nossa época 31

2 - Violência: uma multiplicidade de sentidos e de questões 45
A polissemia da palavra 45
Grupalidade e violência 74
Impunidade. Punição. Violência 83

3 - O homem contemporâneo: marcas de sua constituição 99
Pós-modernidade? 107
Narcisismo e individualismo 115
Renúncia pulsional e processo civilizatório 122
O sentimento de culpa: guardião da cultura? 132

4 - Retratos da violência Cartograma da exclusão 143
A desigualdade 143
O trabalho 144
A escolaridade 146
As mortes 147
A descrença nas instituições 150

A humilhação social 152
Histórias clínicas 155
A violência das armas: sequestro-relâmpago 160
Relato da cena 162
Refazendo o corpo 167

5 - APATIA. O SILÊNCIO DIANTE DA VIOLÊNCIA 171
Fragmentos 171
Passeando pelo *loft* de *Dogville* 193

6 - ABERTURAS 199
Um lugar para o estrangeiro 199
Um outro além: a linguagem também insiste 203

REFERÊNCIAS BIBLIOGRÁFICAS 213

Agradecimentos

Aos amigos, pessoas queridas, que partilham comigo a imprevisibilidade do "estar no mundo". A amizade é um gesto precioso de hospitalidade.

Em especial, a Flávio Carvalho Ferraz, pelo convite afetuoso e pela espera generosa; a Amanda Perez Pinos, Horácio Ribeiro de Sousa e Rubia Delorenzo, pela parceria na discussão e pela leitura atenciosa dos escritos que deram origem a este livro.

Prefácio: Uma micropolítica das violências contemporâneas[1]

A empreitada realizada pela autora – pensar as modulações contemporâneas da violência a partir das ferramentas psicanalíticas – se ancora e se efetiva numa atitude ético-clínico-política: convocada pela "vida, pelo espanto diante de experiências assistidas ou relatadas e pela escuta na clínica de várias situações extremamente impactantes acerca da violência", a autora busca habitar os paradoxos dessas modulações e, numa perspectiva transdisciplinar de análise, encontrar as vias mais potentes para pensar-agir nesses tempos de "*terra de ninguém*"[2]. *Entrincheirados numa terra de ninguém*, num *estado de exceção*[3], é a imagem-força que a autora utiliza para expressar as experiências contemporâneas da violência: a *constrição do espaço público, a privatização da vida, a sociabilidade do medo e*

---

[1] Publicado originalmente como resenha na revista *Percurso* (ano XIX, nº 38, p. 199-202, junho de 2007).

[2] Título do filme de Danis Tanoniv em que um soldado bósnio e outro sérvio ficam presos numa trincheira localizada entre as forças dos exércitos dos dois países.

[3] Agamben, G. *Estado de exceção*. São Paulo: Boitempo, 2004.

sua clausura paranoica, a degradação dos laços sociais e a constituição de uma sociabilidade violenta[4]. O ataque homicida a moradores de rua em São Paulo, ocorrido em agosto de 2004, é um dos exemplos contundentes e paradigmáticos trazidos, já na abertura do livro, para evidenciar a atrofia do espaço público, o projeto eugênico para os "dejetos" sociais, mas também o "medo daquilo que o 'outro', superficialmente diferente, pode revelar de igual", alinhando-se à hipótese levantada por Contardo Calligaris[5] sobre o medo do *duplo*. O ataque seria a forma de apagar as marcas do próprio medo da indigência e da ausência de projetos.

Em tempos de prevalência do narcisismo, do individualismo e da alienação – analisados com consistência no capítulo 3, a partir de diversos pensadores do contemporâneo, como Anthony Giddens, Zygmunt Bauman, Pascal Bruckner, Jean--François Lyotard e Gilles Lipovetsky –, em tempos em que a existência do outro perde seu valor simbólico e torna-se cada vez mais uma ameaça, a superação da posição narcísica e dos efeitos nefastos do individualismo é condição fundamental para a constituição dos laços sociais e para a recriação do poder de ação e de discurso dos homens comuns. Nesses tempos, as análises macropolíticas da violência precisam mais do que

[4] Contribuições de historiadores, cientistas sociais, psicólogos e filósofos são trazidas pela autora para sinalizar a química explosiva do nosso tempo: o processo de globalização e sua produção da desigualdade, marginalidade e tanatopolítica; a sobrevalorização do mercado de consumo; a humilhação social e as formas perversas de governabilidade.

[5] Calligaris, C. Quem tem medo dos moradores de rua. *Folha de S. Paulo*, 26/8/2004.

nunca abrir espaço para a perspectiva micropolítica, em que a dimensão das crenças, dos desejos, dos processos de subjetivação tem lugar. Pois, para ativar os laços sociais, não basta trabalhar apenas com "acordos de opinião" e/ou consensos (isto é, com o campo comunicacional) ou considerar apenas o campo das representações e da consciência (sejam elas coletivas ou individuais). Em se tratando da temática da violência, é necessário descer até os espaços infinitesimais e micropolíticos da sociedade, pois o melhor do *socius* é o que está dotado de forças para resistir a seus próprios autoritarismos e intolerâncias.

A autora desdobra ao longo do texto a atualidade e a potência da perspectiva (psico)analítica na análise "micropolítica" das atuais modulações da violência e anuncia sua aposta:

> [...] a experiência analítica, ao colocar em cena o exercício da palavra dirigida a um outro, torna-se um dos microespaços privilegiados nos quais o circuito da violência pode ser interrompido. [...] Seu apelo [*da psicanálise*] ao reconhecimento da alteridade, ao valor do desejo e da lei simbólica e sua capacidade de análise das situações de sofrimento decorrentes do embate entre o sujeito e a própria civilização podem nos ajudar a interromper os efeitos nefastos dessa "moção maligna"[6] entre os homens e a processar outras respostas possíveis.

[6] Termo utilizado por S. Freud em *Totem e tabu* e preferencialmente adotado pela autora para referir-se à "soberana crueldade" (Jacques Derrida) como uma das dimensões da pulsão de morte.

Se a perspectiva psicanalítica é claramente acionada na sua potência de pensar o contemporâneo, a autora não o fará sem colocar algumas regras de prudência, sem anunciar os riscos em questão e sem experimentar as atualizações e variações necessárias dos conceitos psicanalíticos para essa tarefa. Vejamos. A empreitada é de risco, pois, se a discursividade sobre a violência constrói a própria violência – como se pode rapidamente detectar na espetacularização da violência empreendida pela mídia –, como fazê-la desde a mirada psicanalítica, que inscreve a violência como *constitutiva da cultura e da subjetividade*, "sem que essa perspectiva seja utilizada para banalizar, justificar atos violentos ou ainda relativizar as referências entre o legítimo e o ilegítimo?", ou ainda, acrescento, para adensar os discursos da "irracionalidade" e do sem-sentido da violência? De fato, em tempos de "medo social", de risco de uma "sideração pela violência", a construção de respostas cada vez mais "penais", repressivas ou simplificadoras, como temos visto com a criminalização da pobreza, o crescimento do aparato penal e a discussão em torno da redução da idade penal têm sido hegemônicas. Como evitar o risco de dar munição para essa discursividade e manter a potência de problematização colocada pela psicanálise?

Na via das atualizações, ela nos alerta ainda que é necessário, para pensar a violência hoje, inverter o caminho original de Freud, que desvendou nas *fantasias* o cenário do temido: "os tempos de hoje são crus. A escuta nesses tempos de horror tem de se haver com o ódio, com a crueldade derramada, sem limites, sem fronteiras. [...] Há que reconhecer o real do traumático, as feridas na carne, o pânico do corpo [...]".

Mas é preciso também prudência no trabalho com a psicanálise. Alinhando-se a Derrida, a autora entende que à psicanálise não cabe o julgamento do bem e do mal e nenhuma decisão acerca das punições a serem tomadas frente a atos ditos violentos. Para tanto, o saber psicanalítico tem a responsabilidade de considerar o que acontece fora do seu campo. "Para passar à decisão é preciso um salto para fora do saber psicanalítico *enquanto tal*", citando Derrida. Mas, de outro lado, a autora entende que "as decisões a serem tomadas pelo direito, pela ética, pela política, têm, também, a responsabilidade de levar em conta o saber psicanalítico", e ela não se furta a provocar as relações e intercessões possíveis por meio deste livro: seja para tensionar o campo de decisões, seja para produzir nele novas inflexões ou desvios, seja ainda para fazer ressoar uma direção "comum" de ação.

É na perspectiva transdisciplinar, nas relações da psicanálise com o *fora do saber psicanalítico*, que a autora encontrará armas potentes: trabalhando a questão da violência como produção histórica e elegendo a via da política e da construção do espaço público como aquelas estratégicas para desconstruir e prevenir a violência. Para tanto, os parceiros fundamentais serão especialmente: Hannah Arendt, no seu esforço conceitual de distinguir *força*, *poder* e *violência*, e Jacques Derrida na tematização da *alteridade*, da tarefa inesgotável do encontro com a diferença e especialmente no paradoxo do *hostis* (que tanto pode ser hostil como hóspede).

Mas outra arma, igualmente valiosa, de que se valerá a autora é a de uma "política da escrita". Maria Laurinda Ribeiro de Souza nos traz um texto denso conceitualmente, mas também poético, valendo-se de imagens, cenas, fragmentos da clínica que carregam uma expressividade totalmente inversa à da espetacularização da violência, produzindo afetações e inflexões discursivas diferentes das hegemônicas e provocando no leitor outros regimes de percepção, de visibilidade e outras atitudes no tocante à temática da violência. Ou seja, não importa apenas o que se diz, mas como se diz[7]. A autora percebe que é crucial, política e metodologicamente, construir narratividades capazes de variar e de fazer diferir as "expressões" da violência e a produção de sentidos em torno dela. Mais do que apresentar os conceitos de *hospitalidade* e de *alteridade*, Maria Laurinda parece seguir à risca essa aposta: produz um texto "hospitaleiro", aberto à *inclusão* dos saberes estrangeiros à psicanálise, mas principalmente às demandas da realidade que pedem atualizações para o saber psicanalítico. É por isso que o mote *terra de ninguém*, na sua versão inicial de "estado

[7] De fato, o excesso de tematização sobre a violência teve o efeito de construir um determinado imaginário sobre ela, que passou a informar e a produzir atitudes sociais a ela referenciadas, ou seja, a violência também aparece como linguagem, como ato de comunicação. Daí a importância de uma política da narratividade. A guerra pela produção de sentidos, como sempre insistira Foucault (1988), coloca-nos na temática da "produção da verdade" como um ponto nevrálgico das operações de poder.

de exceção", de "descumprimento do contrato social", é levado ao final do livro à sua variação: como lugar de fronteira, do "entre", como um "bom lugar para pensar sem dever nada a ninguém"[8], lugar de "*hospitalidade pura*"[9]. Fazer da "terra de ninguém" uma "terra para qualquer um..." é o trabalho a que o texto nos convida pelas mãos das ferramentas psicanalíticas na sua intercessão com a política.

Acompanhemos com mais detalhes os eixos centrais do trabalho conceitual empreendido. É em torno da via da política e de construção do espaço público que a autora desenvolverá o argumento principal do livro: para reverter a violência, precisamos de atos positivos que apoiem e realizem uma complexa prática de consolidação de vínculos sócio-comunitários, de tecidos conjuntivos que desarmem os fantasmas da dissolução e da impotência coletiva e que criem novos valores práticos capazes de revolucionar a sociabilidade e escapar do individualismo. Identifica, ainda, intercessões importantes entre Hannah Arendt e a psicanálise no tocante à distinção poder e violência: se para Arendt é a desintegração do poder que possibilita o surgimento da violência, para a psicanálise, em que há uma lei simbólica degradada, certamente se farão sentir os efeitos mortíferos da "moção maligna".

A dualidade colocada na pulsão de morte, as polaridades eu-outro, amor-ódio, que estarão sempre presentes na vida

[8] Calligaris, C. *Terra de ninguém*. São Paulo: Publifolha, 2004.

[9] Derrida, J. *Da hospitalidade*. São Paulo: Escuta, 2003.

psíquica, torna tarefa contínua sua metabolização, do mesmo modo que é na perspectiva do trabalho permanente da palavra, do diálogo e da construção política para a gestão contínua do conflito que se constroem o *espaço público* e o *direito a ter direitos*: a "terra de qualquer um".

Se no enfrentamento da violência são necessárias as narrativas e a palavra, também é necessário *arriscar atos*, diz a autora. É na ideia de *ação* (para Arendt, uma das mais decisivas experiências humanas, sendo capaz de iniciar processos novos) e de *ato* (em Slavoj Žižek) que novas aproximações ganham relevância.

Se a transformação da realidade – restaurando o valor do espaço público, em atos e palavras – é o caminho possível, a autora também se interroga se as expressões contemporâneas da violência deixam ainda essa esperança.

Afinal, com a fragmentação ou declínio dos espaços políticos, as expressões da violência indicam, de certa forma, uma perda, déficit ou ausência de conflito (como nos sugere Wieviorka)[10]. Ou seja, não remetendo à imagem de um

[10] Wieviorka aponta para a necessidade de pensar um novo paradigma da violência, dadas as profundas transformações no mundo contemporâneo e a centralidade que a violência aí adquire. Sua tese é a de que, tanto como realidade histórica quanto como representação coletiva e objeto de análise e reflexão para as ciências sociais, a violência contemporânea parece modelar um novo paradigma: ela apresenta-se ao mesmo tempo globalizada e localizada, mundializada e fragmentada; ela vem sendo atravessada também pelo crescimento do individualismo moderno, estando carregada de significações mais culturais e identitárias que sociais; ela funciona por condutas que, mais além da expressão de uma crise ou de um conflito, parecem "autonomizar-se". (Wieviorka, M. O novo paradigma da violência. *Tempo Social*, v. 9, nº 1, p. 5-41, 1997).

conflito, ou mesmo de uma crise, a violência pode parecer, em casos extremos, um fim em si mesma, puramente destruidora ou autodestruidora, podendo tornar-se negação da alteridade e expressão desumanizada do ódio, da destruição do Outro. Nessa circunstância histórica, a violência vai perdendo seu caráter "analisador", sua função crítica, e se torna um novo padrão de relação no cotidiano da vida das pessoas, particularmente das novas gerações socializadas nesse novo padrão de convivência.

Se de um lado é importante opor a violência ao poder (tal como Arendt e também Foucault formulam) naquilo que ela é ameaça à convivência pública, é fundamental não encarar a violência como uma "situação de exceção", de "anomia" ou de "caos", muito menos como resquício de um "barbarismo" em vias de extinção. Cabe lembrar também que, em seus escritos sobre violência, poder e democracia, a filósofa Hannah Arendt reconheceu o papel e o alcance da desobediência civil na construção da vida democrática, a necessária dimensão da ira e da resistência: ver-se desobrigado a cumprir a lei quando a *reciprocidade inerente a toda promessa for rompida* é ato eticamente válido.

De fato, depois de tantas aproximações entre a filosofia política e a psicanálise, que formulam que a saída é o poder, a via da política, fica a questão: o que é agir politicamente nesse tempo e nessa realidade de violência institucionalizada? Realidade na qual tantos seres humanos são integralmente privados de seus direitos e de suas prerrogativas, a ponto de não ser delito qualquer ato cometido contra eles (como o estado de exceção em Agamben).

Não por acaso uma das cenas finais do livro invocará a experiência da ditadura latino-americana no seu período de terror (na figura da tortura, do sequestro e do genocídio) e a violência de Estado: sinistra institucionalização da violência para fazer frente ao processo de democratização que estava em curso. Institucionalização da violência que persiste hoje, a despeito da re-democratização, na criminalização da pobreza, na construção do medo difuso, de um estado penal e de uma sociabilidade nada hospitaleira[11]. O medo como eixo dos discursos atuais da segurança indica, para muitos estudiosos, a passagem de um paradigma da segurança para o da insegurança como parte da gestão da sociedade contemporânea: jogar com a confusão entre os sentimentos de incerteza, falta de garantias e insegurança, semeando o medo e a desconfiança entre as pessoas, é um pretexto para tornar mais repressivo o controle social punitivo. Neste contexto, a reocupação do espaço público como estratégia política, tal como indicado pela autora, é crucial.

Ao possibilitar que um pensamento e uma problematização sobre a violência se exercitem em tempos que favorecem a indiscernibilidade e a construção de um objeto difuso – "a violência generalizada" –, a autora já se alinha aos que trazem contribuições relevantes para essa questão. A problematização

[11] Singularidade da experiência latino-americana, que se avizinha às outras experiências do estado de exceção que a autora traz para o texto (Guantánamo, em Cuba, e Abu-Ghraib, no Iraque).

constitui novas linhas de demarcação, permite-nos re-ativar a função de análise (e consequentemente política) que a violência pode ter e convoca-nos a exercitar palavras e atos que construam *socius*.

Maria Cristina Gonçalves Vicentin

Debaixo do sol, observei ainda o seguinte: a injustiça ocupa o lugar do direito, e a iniquidade ocupa o lugar da justiça.

(Eclesiastes, 3:16)

Pus-me então a considerar todas as opressões que se exercem debaixo do sol. Eis aqui as lágrimas dos oprimidos e não há ninguém para consolá-los. Seus opressores fazem-lhes violência e não há ninguém para consolá-los.

(idem, 14:1).

1.

Terra de ninguém: violência e vulnerabilidade

Entrincheirados. Acuados pelo risco de assaltos, de balas perdidas, de cenas inusitadas de violência, os habitantes da cidade perderam seu direito à urbe; ao espaço coletivo. Tal como o soldado bósnio retratado no filme *Terra de Ninguém* (2001)[1], que espera a morte, deitado sobre uma bomba que não pode ser desativada, abandonam-se à imobilidade aterrorizada, trancafiam-se em suas casas-celas e evitam os espaços públicos com medo de serem as próximas vítimas.

A arquitetura das cidades e das casas, notadamente a partir da década de 1990, reflete esse estado da alma; é uma arquitetura do medo: condomínios fechados, necessidade de identificação em qualquer prédio, cercas eletrificadas, sensores de presença, muros altos, lanças cada vez mais sofisticadas, câmeras nas ruas, nos prédios, nas lojas... Tudo isso intensifica o isolamento, o individualismo; elimina a tolerância com

[1] Filme de Danis Tanovic, diretor bósnio, sobre o conflito na antiga Iugoslávia em que um soldado bósnio e outro sérvio ficam presos numa trincheira localizada entre as forças dos exércitos de ambos os países.

as diferenças. Intensifica a privatização da vida e dificulta a construção da cidadania.

Intensificação do privado que transborda e leva a uma ampla exposição pública. As câmeras que tinham a função de mostrar, aos que estavam dentro, quem transitava do lado de fora, invertem sua ótica para mostrar aos que estão fora (mas também em seus respectivos lugares privados) o que se passa "no dentro". Os *reality shows*, os diários, as biografias, os *blogs* ganham espaço na vida cotidiana. Desespero da invisibilidade? Tentativa de romper o isolamento solitário?[2] É como se anulado o espaço das trocas sociais, trancafiadas todas as portas, o buraco da fechadura se tornasse a única forma de socialização possível. Transformamo-nos em infantis voyeuristas a espiar pelos buracos das fechaduras!

Com a perda do espaço social como lugar de troca e de construção coletiva, perde-se também a noção de história, de memória, de lugar simbólico que se transmite pelas diferentes gerações. O passado deixa de ter importância, já que o que importa é a sobrevivência do momento; atingir o máximo de prazer "aqui e agora". Esse desprendimento do passado e essa promessa de uma liberdade ilimitada como garantia de uma vida mais feliz são uma ilusão.

---

[2] Depoimento de uma jovem adolescente solitária: "Não havia ninguém para quem eu pudesse falar do que me acontecia. Minha mãe andava muito deprimida e com problemas financeiros; eu não podia aumentar os seus problemas. Resolvi, então, escrever o que estava vivendo num blog. Uma amiga minha viu e me telefonou. Foi muito bom! Ela não sabia o que eu estava vivendo".

Não há lugar seguro. Mesmo dentro de casa as notícias sobre as guerras, sobre os conflitos religiosos, sobre as bombas explodindo, as revoltas nas instituições que deveriam albergar os jovens, as desigualdades, a miséria, a corrupção, os crimes, os sequestros, os assassinatos encomendados não nos deixam dormir impunemente.

A violência invade todos os espaços; torna-se espetáculo. E, à medida que o faz, transforma-se numa forma de ser e também numa forma de domínio; "se não é possível combatê-la, eu a assimilo, transformo-me nela". Mata-se ou maltrata-se quem estiver à frente. Por impulsividade, por intolerância, por amor o eu fica à mercê do objeto amado e pode, em função do desaparecimento da instância crítica, chegar à realização do crime sem remorso ou por ódio. Tanto os mais próximos quanto os mais distantes.

Quando pergunto a uma jovem, cuja mãe se queixara de que dormia demais, como é o seu sono e se ela sonhava, responde com vivacidade imediata (como se só estivesse esperando uma pergunta que a tocasse):

Ó, é terrível; só tenho pesadelos, há muito tempo. Sonho que estou com uma arma dizimando todo mundo.

Quem é todo mundo?

As pessoas próximas, minha família, as pessoas de que gosto. Mas o mais terrível foi um pesadelo em que eu carregava uma metralhadora automática e a disparava contra mim, como se fosse um pelotão de fuzilamento.

De fato, nos momentos em que permanecia acordada, as cenas de violência presentificavam-se em ataques à família ou ao próprio corpo. Excesso pulsional intolerável que se alterna com a retirada, também excessiva, do mundo.

Esse fragmento clínico evidencia uma característica típica de nossa época e muito presente nos adolescentes: uma oscilação entre momentos de apatia e depressão e irrupções de atos violentos. As queixas tão frequentes de depressão parecem caminhar no mesmo passo que as denúncias sobre violência, revelando o jogo complementar dessas manifestações.

Minha associação imediata foi com as notícias da guerra do Iraque que também nos bombardeavam com cenas semelhantes às que ela descrevia. Espaço psíquico e espaço social perdem suas fronteiras; a intimidade confunde-se com a cena pública. Apaga-se a diferença necessária entre a fantasia e os atos. Desaparecem as possibilidades de elaboração, de intermediação simbólica, de negociação política.

Terra de ninguém, zona incerta na qual o "estado de exceção apresenta-se como a forma legal daquilo que não pode ter forma legal" (Agamben, 2004, p. 12), em que o próprio direito retira dos cidadãos os seus direitos, e o despotismo dos governantes encontra fórmulas jurídicas que lhes permitam violar os direitos dos adversários políticos, dos prisioneiros políticos e de guerra ou dos cidadãos que, por qualquer traço dissonante, não interessem ao sistema político dominante. A Primeira Guerra Mundial foi o laboratório no qual se experimentaram e aperfeiçoaram os mecanismos e dispositivos funcionais do estado de exceção. Uma de suas características essenciais é a abolição da distinção entre os poderes legislativos, executivo e judiciário. O que se revelou uma prática duradoura mesmo nos regimes ditos democráticos. No estado de exceção instala-se uma anomia na qual o que "[...] está em jogo é uma força de lei sem lei" (Agamben, p. 61).

A sensibilidade específica de nossa época

A violência não é um fato novo. Os relatos históricos mostram-nos que sua manifestação acompanha o processo civilizatório. Hannah Arendt (2001), em seu livro *Sobre a violência* confirma que ninguém que se tenha dedicado a pensar a história e a política pode permanecer alheio ao enorme papel que a violência sempre desempenhou nos negócios humanos, sendo surpreendente que raramente tenha sido escolhida como objeto de consideração especial.

O que há de específico nesse momento histórico, visto que a violência se tornou, no século anterior e neste que se inicia, matéria de grande consideração e difusão? Será a violência uma manifestação própria e inelutável dos humanos? Inevitável em certas condições sociais?

O século XX foi marcado no plano mundial por guerras e revoluções, matando-se mais pessoas do que em qualquer outra época. Segundo Eric Hobsbawn (2002), esse foi o século do maior número de homens mortos ou abandonados à morte por decisão humana (cerca de 187 milhões), em toda a história da humanidade[3]. As três últimas décadas foram nomeadas por ele como "Era do Desmoronamento". Nelas se registrou o quadro mais sombrio da tortura, terror e contraterror na história do Ocidente e aumentos significativos na miséria e na pobreza como efeitos de desigualdade social e econômica. O século XXI iniciou-se com a queda do World Trade Center e os ataques que se seguiram revelaram que os efeitos do "desmoronamento" podem ser sempre mais sombrios.

O crescente desenvolvimento científico e tecnológico permitiu a apropriação de armamentos cada vez mais sofisticados, constituindo-se numa ameaça permanente. Os ataques ao meio ambiente e a sua não preservação colocam em risco a sobrevivência das futuras gerações. Os meios de difusão aboliram as fronteiras, globalizaram as informações, transformaram as guerras mais distantes em cenas do cotidiano. Estetizaram a violência. Banalizaram os conflitos apresentando-os como espetáculo ou como mais um jogo virtual. O controle e a manipulação das informações tornaram-se uma arma poderosa na competição mundial pelo poder. Que efeitos isso produz?

[3] Os tempos modernos não inventaram a experiência do horror; sistematizaram-na de forma progressivamente expansiva. Moacyr Scliar, em artigo na Folha de S. Paulo (Caderno Mais), de 11/11/2001, argumentou que a ameaça atual da utilização de armas biológicas não é um fato novo, o que é nova é a sua possibilidade de abrangência. A conquista do México pelos espanhóis foi possível graças à disseminação da varíola trazida pelos espanhóis e contra a qual os astecas não tinham imunidade. Este procedimento também foi usado como forma de combate aos indígenas nas Américas: roupas de portadores da doença eram deixadas para que os índios as vestissem. "Eles adoeciam e morriam como moscas".

Pensemos na cena insistentemente repetida pela televisão e pelos jornais quando do ataque das forças invasoras a Bagdá, no Iraque. O ataque noturno com as bombas semelhantes a estrelas cadentes caindo sobre a cidade repetiu-se inúmeras vezes. O mesmo se fez com as cenas anteriores da queda do World Trade Center. O que se pretendia? Transformar o terror num espetáculo estético? Silenciar o público, seduzindo-o pelas cenas que se passavam no palco e anulando toda possibilidade de pensamento, de crítica? Legitimar o ataque repetindo insistentemente a imagem de vítima? Reproduzir "no outro" o terror vivido "em si?" Repetição incessante, própria do traumático...

Roland Gori, em seu livro *Lógica das paixões* (2004), assinala que há algo na imagem das cenas de terror que escapa ao sujeito e o deixa fascinado. Ele não pode mais pensar, apenas repassar, repetir incessantemente. É esse olhar fascinado que "[...] conduz certos 'aterrorizados pelo sofrimento' ao ódio passional bem como aos crimes mais abomináveis" (p. 93), bastando para isso que a cena de horror o tenha expropriado de si. Ele tenta, então, reproduzir no outro, transitivamente, o efeito do horror que não pode elaborar em seu psiquismo. A menos, diz Gori, que o sujeito "[...] ofereça a estas reminescências a 'sepultura' do sonho, da palavra, da criação e de sua melancolia". Ou, quando se trata de uma nação, que o poder como prática política; *potestas* se sobreponha à *potentia*, o poder como força bruta.

Um mês depois dos ataques a Bagdá, as vozes dissonantes voltaram a ser ouvidas, numa tentativa de que as ideias e a força do coletivo pudessem interromper a repetição. Não eram verdadeiras as justificativas para o ataque e seus efeitos violentos têm sido trágicos; como sempre acontece quando o "público", no sentido do bem comum, se vê retirado de seu espaço político e se vê assaltado pelo domínio da força bruta.

A sensibilidade específica de nossa época, o palco em que a violência é exercida e vivenciada e no qual se exacerba a vulnerabilidade e o desamparo dos sujeitos pode ser pensada segundo diferentes campos de saber e como efeito das características do mundo contemporâneo.

Em *A sociedade contra o social*, Renato Janine Ribeiro (2000) afirma que o processo de globalização pretendeu derrubar fronteiras geográficas e expandir o espaço das trocas comerciais, mas preservou a fronteira da dominação e da subserviência; os valores do mundo capitalista avançado aparecem ao mundo dito subdesenvolvido como legítimos, enquanto suas próprias ideias ou valores aparecem geralmente como falhas ou deficiências. E dentro das fronteiras dos países subdesenvolvidos, há uma reprodução da dominação e uma manutenção necessária da marginalidade. É a essa marginalidade que se destinam as ações ditas sociais. Assim, o social identifica-se com a violência da exclusão. O que leva o autor a afirmar assertivamente que "[...] o social é aquilo que não pode tornar-se sociedade" (p. 22). A globalização traz, também, como consequência direta, como já apontara Lacan, a insistência numa universalização igualitária na escolha do gozo, o que provoca discriminação e ataque àqueles que elegem um gozo diferente.

A história dos costumes, das etiquetas e das regras sociais foi o tema da pesquisa de Norbert Elias, num texto clássico a respeito do processo civilizatório: *O processo civilizador – uma história dos costumes* (1939), no qual, influenciado pela leitura da obra freudiana, relaciona a evolução dessas práticas ao controle necessário das pulsões. Seguindo sua análise, depreendemos que a generalização de costumes mais civilizados cria uma sensibilidade maior para a violência. Mme. Campan, camareira de Maria Antonieta, foi sagaz na análise que fez acerca da catástrofe que se abateu sobre sua ama. Ela a atribuiu ao fato de a rainha não ter sabido como respeitar e utilizar a etiqueta: a rainha a via apenas como um estorvo à privacidade que tanto prezava, não percebendo que somente esse conjunto de regras mantinha os súditos em reverente temor e, assim, evitava convulsões sociais (Ribeiro, 2000).

Isabel Kahn Marin (2002) aponta para um paradoxo existente em nossa contemporaneidade: ao mesmo tempo em que há um discurso insistente sobre a violência, ela tende a negá-la: "Enquanto o que mais parece assustar o homem contemporâneo é ter que assumir ser violento, tendo que reprimir e frustrar, e assumindo o lugar da lei e da ordem, maiores têm sido as manifestações de violência em nossa sociedade" (p. 20). Enfatiza, então, a necessidade de se analisar esse paradoxo e chama a atenção para o que nomeou de "violência branca", que se manifesta nos mecanismos de controle social, nas instituições que atendem adolescentes em situações de risco social, e que acabam reproduzindo a violência que tentavam excluir ou negar. Retoma a ideia da violência fundamental, presente na constituição do sujeito, e demarca aí, também, o incômodo do seu reconhecimento, pois ela se revela pelo poder de destruir o outro e pela radicalidade de sua exclusão: ou eu ou nada.

De fato, a existência do outro, necessária para nossa constituição e sobrevivência psíquica, tem-se tornado, cada vez mais, uma ameaça. O desamparo fica maior por não sabermos bem quem é o inimigo; o assalto pode vir de qualquer um, a qualquer momento. O medo generalizado e a ênfase no individualismo, na demanda de gozo imediato e no narcisismo das pequenas diferenças, deixam os sujeitos entregues à fúria odiosa e ao desejo de vingança pelas dores sofridas. O ódio absoluto encontra poucas possibilidades de derivação e, então, é constantemente atuado.

Em agosto de 2004, dez moradores de rua foram brutalmente atacados no centro da cidade de São Paulo. Nas semanas seguintes outros habitantes desse mesmo lugar e também de outras cidades sofreram ataques semelhantes. Alguns morreram, outros ficaram gravemente feridos. Sem nomes, sem trabalho, sem proteção, sem lugar social, ficaram à espera de reconhecimento. Perguntando-se sobre "Quem tem medo dos moradores de rua", Contardo Calligaris, em artigo na *Folha de S. Paulo*, relembrou outras cenas de violência: o massacre da Candelária, a morte do índio Galdino, queimado por um grupo de jovens da classe média alta, em Brasília, o assassinato de travestis e homossexuais, e lançou uma hipótese para a origem do medo: medo daquilo que o "outro", superficialmente diferente, pode revelar de igual. Medo do duplo, da sombra sinistra do especular. A fúria homicida contra os moradores de rua revelaria a intenção de apagar as marcas do medo da própria indigência e da ausência de projetos. Efeitos de uma sociedade que facilmente entrega à sarjeta os que não conseguem ocupar os lugares narcísicos preestabelecidos.

As cenas retomadas por Calligaris são de extrema crueldade; pois em todas elas, os sujeitos violentados e assassinados são tratados como coisas, dejetos a serem retirados do mundo para que se mantenha a "eugenia" da cidade. Mas há outro traço significativo que une as vítimas dessa violência: são personagens da rua, ocupantes do espaço público; suas mortes anunciam e evidenciam a falência desse espaço.

Se Freud afirmava que a entrada na cultura produz um mal-estar inevitável, hoje confirmamos que romper com o social produz um mal-estar mortífero e muito mais violento, pois reintroduz a barbárie, a sobrevivência do mais forte, seja em que atributo for.

Hannah Arendt (2001) toca na mesma questão sublinhando o desaparecimento do espaço público quando há um centramento excessivo no eu:

> O eu não pode raciocinar em termos do interesse de longo prazo, quer dizer, o interesse de um mundo que sobrevive aos seus habitantes... Esperar de pessoas que não têm a menor noção acerca do que é uma res publica, a coisa pública, que se comporte de maneira não-violenta e discutam

> racionalmente as questões de interesse da cidade, não é realista nem razoável [...]

E, ela conclui com uma afirmação categórica: "A prática da violência, como toda ação, muda o mundo, mas a mudança mais provável é para um mundo mais violento" (p. 58).

A atrofia do espaço público e de outros âmbitos da vida é atribuída, por Robert Kurz (2003), à sobrevalorização do mercado de consumo. Nele, o lugar do cidadão submerge no do consumidor: "A consciência pós-moderna, em total conformidade com o mercado, já não conhece mais nenhum desenvolvimento histórico; limita-se à arbitrariedade de tendências incoerentes. No lugar da teoria social crítica aparece a 'pesquisa de tendências'" (p. 12).

Trata-se meramente de verificar, instantaneamente, o que é mais comerciável, o que tem maior valor de mercado não importa o que seja: meros objetos de consumo ou formas específicas de viver ou de manifestar os afetos, os questionários sobre as tendências da moda dividem o espaço das publicações com as tendências das novas relações amorosas; o que importa é vender! Consumir ou deixar-se consumir. O Estado de Direito fica substituído, no imaginário social, pelo poder de consumo, deixando à margem da história e do direito aqueles que se perdem na terceirização da miséria sem nenhum futuro possível.

Nessas análises revelem-se a constrição do espaço público e a degradação dos laços sociais. A violência surge como efeito de sociedades que convivem cruelmente com desigualdades, com cenas cotidianas de humilhação social e com formas perversas de governabilidade. Como efeito de uma cultura globalizada do gozo imediato, da idealização da visibilidade como garantia de existência, da padronização das formas de gozo e da necessidade de supremacia a qualquer custo. Como efeito da sideração passiva do homem moderno pelas imagens incessantemente veiculadas e que ele, dessubjetivado, tenta reproduzir. No fascínio pela violência, a passividade inverte-se em ato impetuoso. Na oscilação entre "ter a força", recolhendo-se na realização mágica das ilusões infantis, e viver a experiência da insatisfação melancólica, com seu corpo e a imagem deficitária de si, o campo de batalha da experiência humana torna-se cada vez mais cruel.

Mas a ideia de um eu grandioso, centro do mundo, que tudo vê e tudo pode, não se deixa submergir. Ela insiste em nossa cultura contemporânea, apesar de, ou, como forte reação a todos os indícios de sua impossibilidade. Ela se viu fortemente denunciada pelo desenvolvimento da psicanálise. Suas revelações acerca da cisão constitutiva do sujeito, do descentramento do valor psíquico da consciência, da descoberta do inconsciente, das pulsões, da angústia, do traumático, do narcisismo, dos ideais, da crueldade superegoica, permitem-nos entender a fragmentação e o desamparo do sujeito moderno e a sua insistência em sustentar, a qualquer preço, a imagem ideal de um eu sem fraturas. Aspirações totalizantes do eu, das massas, da religião, da ciência, da política, de um governo onisciente e onipresente concretizaram-se, ao longo da história, como formas violentas de exclusão das diferenças, do pensamento, da polissemia da linguagem, do reconhecimento necessário do outro.

Haverá alguma perspectiva diferente para a passagem do eu megalomaníaco ao reconhecimento da alteridade e da autonomia? Para a preservação do campo da intimidade e a construção de um campo social menos injusto e violento? Para a clausura paranoica que incentiva o aumento da venda de armas e o cultivo do ódio ilegítimo aquele que não encontra intermediação possível e que lança os homens num duelo interminável? Para o impedimento da "descarga imediata" e a construção do sonho?

A resposta de uma coletividade que se nega ao refúgio do esconderijo domiciliar e à retaliação, saindo às ruas, tentando vencer seus medos, declarando sua solidariedade às vítimas, ocupando o espaço público e defendendo o respeito à democracia, não é a indicação possível de um outro caminho?

Num mundo onde o medo, o isolamento e a solidão acentuam o desamparo do sujeito e criam condições para o fascínio por qualquer promessa idealizada de plenitude, a experiência analítica, ao colocar em cena o exercício da palavra dirigida a um outro, torna-se um dos microespaços privilegiados nos quais o circuito da violência pode ser interrompido, evitando-se sua cristalização no sofrimento, na mortificação, na alienação ou na compulsividade retaliativa.

Seu apelo ao reconhecimento da alteridade, ao valor do desejo e da lei simbólica, e à análise das situações de sofrimento decorrentes do embate entre o sujeito e a própria civilização podem nos ajudar a interromper os efeitos nefastos da insistência da "moção maligna" entre os homens e, quem sabe, processar outras respostas possíveis.

Serge Leclaire (1992) assinala, com ousadia, a potência existente nesse "outro" espaço:

> O mérito da subversão psicanalítica é ter, pela experiência, concluído a desmontagem da transcendência totalizante. Ao descobrir o lugar dito inconsciente como reserva sempre presente do verbo e como espaço onde se fomentam os modelos de nossas ações, ela nos liberta de uma sujeição milenar, libera-nos violentamente e nos impõe o poder de ser sujeito para o outro, o dever primeiro de reconhecer o outro como sujeito. São as portas de um espaço sem confins que ela abre para o gênio poético do desejo do homem. Afinal saídos do paraíso da perpétua infância, de uma fala que não diz, desvenda-se nossa nudez de mulher e de homem e se revela a imperiosa necessidade de inventar os termos da diferença, as palavras do sexo, as falas do desejo e o discurso do amor.

Mas ele não se deixa ofuscar por uma nova ilusão quando conclui:

> Mas nada, ou quase nada, na história da civilização nos preparou realmente para isto: teoria e mitos, crenças e costumes continuam sub-repticiamente a impor suas leis, na maior disseminação. O sabre e a batina vigiam, na expectativa

> confiante de reunir novamente o rebanho dispersado [...] (p. 33)

Freud (1913) terminou seu livro *Totem e tabu* com a seguinte afirmação: "No princípio foi a ação". A hipótese que constrói sobre o surgimento da cultura, da moralidade e da religião repousa sobre uma cena inicial de violência: a barbárie da horda primitiva e o assassinato do pai primordial. Mas sua análise revela que *o que cria o movimento civilizatório não é a violência, mas, sim, o movimento que intercepta a continuidade da violência: o estabelecimento simbólico do pai totêmico, o acordo entre os irmãos para interromperem os assassinatos e a instauração da proibição do incesto*. "No princípio foi o verbo" só surgiu quando a ação pode ser postergada ou impedida pelo valor da palavra.

A escuta nestes tempos de horror tem de se haver com o ódio, com a crueldade derramada, sem fronteiras, sem limites. Inverter o caminho original de Freud que desvendou nas fantasias o cenário do temido; os tempos de hoje são crus. Há que reconhecer o real do traumático, as feridas na carne, o pânico do corpo cotidianamente ameaçado, o medo que paralisa... Os horrores que nos afrontam de fora e os conflitos íntimos podem conhecer uma inquietante proximidade. No entanto, não se pode desconhecer a diferença radical entre o ódio pensado e sentido, vivido no interior do psiquismo, e o ódio atuado no espaço social.

O pensamento de Hannah Arendt principalmente pelo estudo profundo sobre o totalitarismo e a violência, e pela potência que atribui ao discurso e à presença do outro permite um diálogo promissor com a psicanálise. Foucault é referência necessária para se pensar as questões relativas à punição e à impunidade. Derrida (2003), em sua discussão sobre a hospitalidade, expande ao extremo a ideia do estrangeiro, propondo que lhe seja possível um amplo lugar de acolhida, e sustentando, desta forma, a radicalidade inevitável, e ao mesmo tempo utópica, da alteridade.

A vida, o espanto diante de experiências assistidas ou relatadas por outros, e a escuta na clínica de várias situações extremamente impactantes acerca da violência, seja na forma de gritos, de sofrimentos no corpo, ou de silêncios, de recusa ao reconhecimento do que é vivido, são os motivos deste escrito.

2.

Violência: uma multiplicidade de sentidos e de questões

Os homens não sabem ou não querem saber
que tudo é possível[1]

A polissemia da palavra

O termo *violência* tem sido usado como referência para uma multiplicidade de ações e de agentes. Violência do Estado, violência da mídia, violência da exclusão social, violência de certos rituais, violência dos atos criminosos, roubos, sequestros, assassinatos, violência do trabalho infantil, violência na infância, violência contra a mulher, violência nas relações cotidianas, violência dos pequenos gestos, violência presente na constituição do psiquismo...

[1] No livro *As origens do totalitarismo*, de Hannah Arendt (2004), há uma epígrafe de David Rousset que expressa a abrangência de todo o terror que pode advir das ações humanas: "Os homens normais não sabem que tudo é possível". A retirada do adjetivo da frase e o acréscimo de uma referência à tentativa de "desconhecimento" torna-a mais pertinente para o que quero desenvolver: os homens não sabem ou não querem saber que tudo é possível.

Algumas dessas experiências não deixam dúvidas quanto ao seu efeito violento, outras, porém, são mais sutis e implicam aquilo que Foucault (1977) chamava de docilização dos corpos[2], a submissão a situações de abuso físico, psíquico ou social, sem que os sujeitos tomem consciência disso ou esboçem qualquer resposta reativa a esses abusos.

Por outro lado, afirmar que a violência faz parte da constituição do psiquismo não pode nos levar, como alerta Jurandir Freire Costa (1984), a diluir seu impacto e atenuar seu horror. Pelo contrário, é esse reconhecimento que nos permite pensar num mais além: o destino dado à agressividade, própria dos sujeitos humanos, e as circunstâncias que favorecem a irrupção incontrolável e generalizada no tecido social, do abuso da força em detrimento de outras formas possíveis de resolução dos conflitos e das diferenças. Jurandir critica o uso do termo violência como referência à constituição do psiquismo, visto que isso pressuporia uma "ordem natural" que seria violentada, quando se sabe que "[...] antes da sexualidade, da linguagem e do desejo do outro, não há psiquismo" (p. 16). Para ele, há uma confusão entre trauma infantil, este sim condição *sine qua non* da existência psíquica, e violência.

A violência vai, também, ganhando terreno graças a um discurso que, diante do pior que sempre poderia ter ocorrido,

---

[2] "É dócil um corpo que pode ser submetido, que pode ser utilizado, que pode ser transformado e aperfeiçoado" (p. 126). Atualmente, as técnicas científicas e estéticas e as academias de ginásticas respondem ao ideal de felicidade que pode, imaginariamente, advir de um corpo assim manipulado. A submissão ao corpo torna-se, então, uma outra expressão possível da violência.

tende a minimizar seu impacto: "Ainda bem que só levaram o carro", "Ainda bem que escaparam com vida", "Ainda bem que não sequestraram a família toda", "Os bandidos me trataram bem"... E quando o pior acontece, logo surgem outras cenas mostrando que a progressão do terror é sempre inimaginável. Inimaginável porque conduz o psiquismo às bordas do irrepresentável: a morte-própria; a tragicidade do nada; do desamparo absoluto: "Temos uma tendência inequívoca a deixar a morte de lado; a eliminá-la da vida. Tentamos matá-la com o silêncio... É impossível imaginar a própria morte" (Freud, 1915b, p. 290). As cenas constantes de violência e as imagens da morte abalam a eficácia dessa evitação. O "ainda bem que" é uma tentativa de reafirmar o triunfo sobre ela.

A generalização do termo traz o risco de se banalizar seus efeitos, de tornar equivalentes experiências extremamente diferentes, de confundir aquilo que é da ordem da constituição das relações humanas (a positividade da violência) com aquilo que é da ordem do abuso[3]; da crueldade em sua vertente auto ou heterodestrutiva. O que essa insistência adjetiva revela é a existência de um excesso que se manifesta em todos os espa-

[3] A ideia de excesso está associada em psicanálise aos conceitos de trauma e de gozo. Quando Freud quer demarcar o caráter excessivo de um prazer, utiliza a palavra genuss (gozo), ligando-a, em certas situações, ao horror ou ao júbilo mórbido. Foi Lacan quem criou uma conceituação específica para esse termo, referindo-o àquilo que é intolerável ao psiquismo. O gozo pode ser experimentado também por meio do usufruto do corpo do outro. O prazer é diferente do gozo; sua existência indica que já houve elaboração psíquica, que já ocorreu uma barragem, um impedimento. Maria Cristina Ocariz desenvolve esses conceitos em *O sintoma e a clínica psicanalítica* (2003).

ços; de uma impossibilidade de contenção ou derivação dessa força, de um agir que desconsidera a existência do outro e seu compromisso ético com a cultura. Jurandir Freire Costa (1984) insiste na ideia do uso gratuito e arbitrário da força por parte do mais poderoso contra o mais fraco como forma de se caracterizar a violência: ela é, antes de tudo, "[...] abuso de força, abuso de poder" (p. 95).

E o que é mais inquietante, mas absolutamente necessário reconhecer: a disposição para a violência está em todos nós. Ela está na origem da cultura, no mito do assassinato do pai primordial que a funda, no ódio primordial que surge como sombra da imagem narcísica, e na aniquilação repetitiva dos dominados pelos dominadores. Relegar ao desconhecimento essa realidade é franquear as portas para o seu retorno.

Christian Delacampagne, em seu livro *A banalização do mal: sobre a indiferença* (1999), afirma que a repetição constante de cenas de violência, aliada ao peso que seria levá-las a sério, conduz à banalização do mal e à indiferença. É na tentativa de romper com essa banalização e indiferença que ele insiste na necessidade de se discriminar as diferentes formas pelas quais a violência pode se manifestar, e na importância do reconhecimento jurídico, por uma corte internacional e permanente, de crimes metodicamente planificados, organizados e cada vez mais sangrentos, que só depois da II Guerra Mundial puderam ser legalmente nomeados como crimes contra a humanidade e genocídio.

> Não aprendemos nada, diz ele, do genocídio dos armênios (1915-1916), nem do dos judeus e ciganos, durante a Segunda Guerra Mundial, já que, depois deles, cometemos um terceiro, o dos tutsis de Ruanda (1994)[4] e nada nos permite assegurar que este será o último.

A recente dizimação sangrenta da população negra não muçulmana, no Sudão, confirma suas palavras.

As afirmações e análises das cenas de violência trazem ainda o risco de se revelarem maniqueístas, o bem e o mal como essências claramente distinguíveis, e funcionarem como justificativas para o exercício abusivo da força sobre o outro seja ele um sujeito determinado (negro, marginal, favelado, pobre, malvestido, louco, velho, homossexual, mulher, criança...) ou uma nação. As declarações de Bush a respeito dos países que ele incluiu no "Eixo do Mal" (Irã, Iraque, Coreia do Norte), após o ataque às torres do World Trade Center, pretendiam legitimar o contraterror retaliativo que se seguiu. Todorov (2002) descreve as contradições decorrentes dessa "tentação do bem": quando os sujeitos ou os Estados tentam combater o mal, colocando-se como encarnação do bem, cultivam no seu interior o "moralmente correto" enquanto no exterior,

[4] Em 3/12/2003, pela primeira vez na história, foi apontada a responsabilidade da mídia na realização de um genocídio. Dois jornalistas, que também são empresários da mídia, foram condenados por um tribunal das Nações Unidas por incitamento ao ódio étnico. Algumas transcrições dos programas de rádio de abril de 1994, em Ruanda, traziam expressões como: "faça a limpeza" ou "as sepulturas ainda não estão cheias", incitando a população a matar os tutsis.

soltam suas bombas, atômicas ou "humanitárias". A violência vista como "exterior ao homem" ocupa o terreno do sagrado (ou demoníaco) e, na ausência de uma lei que impeça o seu exercício, apela para o sacrifício do "outro" encarnação do mal como forma de exorcização de sua força[5].

Embora a violência seja uma marca assustadora de nosso cotidiano e nos deixe extremamente sensibilizados, nem sempre é fácil precisar o conceito ou reconhecer sua extensão. Se "[...] força e violência são constitutivas do sujeito inserido nas relações humanas, não existindo, portanto, qualquer ordem política sem a presença daquelas" (Birman, 1994, p. 175), como diferenciar entre o que seria o exercício legítimo e necessário da violência e o que se configuraria como manifestação ilegítima dessa força? E mesmo traçando-se essas demarcações, talvez seja necessário reconhecer que há sempre um resto indecidível, um campo de atuação da agressão para o qual é difícil estabelecer a distinção.

Hannah Arendt (2003), no campo da filosofia política, tentou precisar o termo opondo-o à noção de poder. Segundo ela, a violência é tradicionalmente a *ultima ratio* nas relações entre nações e, das ações domésticas, a mais vergonhosa,

---

[5] "O sagrado é tudo o que domina o homem, e com tanta mais certeza quanto mais o homem considere-se capaz de dominá-lo. Inclui, portanto, entre outras coisas, embora secundariamente, as tempestades, os incêndios das florestas e as epidemias que aniquilam uma população. Mas é também, principalmente, ainda que de forma mais oculta, *a violência dos próprios homens, a violência vista como exterior ao homem e confundida, desde então, com todas as forças que pesam de fora sobre ela. É a violência que constitui o verdadeiro coração e a alma secreta do sagrado*" (René Girard, 1998, p. 45-46, destaques meus).

sendo considerada a característica saliente da tirania. Já o poder é inerente a qualquer comunidade política, depende do consenso e resulta da capacidade humana para agir em conjunto. O poder, nessa conceituação, é um poder político, legítimo, e define ao mesmo tempo em que se define por um Estado de Direito. É a desintegração do poder que possibilita o surgimento da violência. A psicanálise sustenta essa proposição ao explicitar o interjogo entre o campo da cultura e o da subjetividade humana e ao reconhecer que onde há uma lei simbólica degradada, certamente se farão sentir os efeitos mortíferos da "moção maligna" (termo utilizado por Freud em *Totem e tabu*); os mandatos ferozes do supereu.

Levando sua análise ao extremo, Hannah Arendt afirma que o máximo de poder ocorre quando Todos estão contra Um (o poder nunca é de um indivíduo, pertence a um grupo), e o máximo de violência, quando há Um contra Todos (e que só é possível com o uso de instrumentos) o que se aplica, evidentemente, a todos os totalitarismos. No entanto, essas fórmulas não são exclusivas: mesmo o domínio totalitário precisa de uma sustentação pelo poder.

Para ela, a violência pode ser justificável, mas nunca é legítima; legitimidade é uma característica própria do poder. Essa diferenciação se aplica de forma bastante pertinente à análise do que se passa numa série de conflitos contemporâneos, na qual os órgãos que possuiriam legitimidade para arbitrá-los são totalmente desconsiderados. Confirma-se a análise precisa de Hannah Arendt (2001): "Substituir o poder pela violência pode trazer a vitória, mas o preço é muito alto; pois ele é não apenas pago pelo vencido como também pelo vencedor, em termos de seu próprio poder" (p. 42).

Essas considerações poderiam levar-nos à conclusão de que a violência seria sempre vista pelo lado do negativo. Mas não é essa a posição de Hannah Arendt; há certas situações, tanto na vida privada quanto na vida pública, em que o gesto violento "[...] seria o único modo de reequilibrar a balança da justiça" (p. 48). Em que o uso da violência pensada como tentativa de garantir objetivos a curto prazo, portanto como resposta temporária pode ser a única forma de "[...] dramatizar queixas e trazê-las à atenção pública" (p. 58). Ou como o *último recurso* do poder contra os criminosos ou rebeldes.

No entanto, é necessário frisar seu alerta: o perigo da violência, mesmo quando ela se move conscientemente dentro de uma estrutura não extremista de objetivos de curto prazo, sempre será o de que *os meios se sobreponham ao fim*. Se os objetivos não são alcançados rapidamente, o resultado será não apenas a derrota, mas a introdução da prática da violência na totalidade do corpo político.

"A violência sempre pode destruir o poder; do cano de uma arma emerge o comando mais efetivo, resultando na mais perfeita e instantânea obediência. O que nunca emergirá daí é o poder" (p. 42).

A vitória da violência sobre o poder amplifica a atomização da sociedade, o esgarçamento consequente dos laços sociais, e instala o domínio do *terror*.

> Esta atomização, uma palavra ultrajantemente pálida e acadêmica para o horror aí implicado é sustentada e intensificada por meio da ubiquidade do informante, que pode tornar-se literalmente onipresente porque já não é mais um mero agente profissional a soldo da polícia, mas, potencialmente, qualquer pessoa com quem se tenha contato. (p. 43)

Quando essa possibilidade se espalha pelo tecido social, revelam-se cenas surpreendentes no nosso cotidiano:

> J. P. foi assaltada duas vezes na mesma semana. Ela conta: "Fazia só uma semana que eu havia sido roubada. Por isso eu não tinha nada, estava só com o boletim de ocorrência do assalto anterior dentro da bolsa. Só que eles não me deixaram explicar". Quando viram o boletim, os bandidos ameaçaram matá-la. "*Escapei apontando outra vítima para eles*"[6].

O *terror* instala o medo paranoico e a banalização da morte. As coisas tornam-se humanas e os homens transformam-se em coisas. *No terror, os corpos não contam suas histórias, são números a serem computados na vitória.*

Não são essas as imagens que insistem em nosso cotidiano? Corpos explodidos, despedaçados, queimados para não serem reconhecidos, espalhados pela terra, carregados em sacos de

[6] Folha de S. Paulo de 30/4/2000. Veículos especiais, p. 13.

lixo ou carrinhos de pedreiro; restos que viram dejetos ou matéria anônima amontoada nos lugares de conflito.

Em julgamento recente (setembro de 2004), o general chileno Augusto Pinochet, ao ser inquirido acerca de sua responsabilidade sobre a tortura e a morte de pessoas durante a ditadura, alegou inocência e justificou-se: "Eu era presidente, não iriam me informar *de coisas pequenas*".

A forma pela qual uma cultura vive a experiência da morte é uma das referências importantes para se avaliar seu grau de violência. Ela revela o valor que se dá à vida. Primo Levi, em *Os afogados e os sobreviventes*, escreveu: "*A morte em Auschwitz* era trivial, burocrática e cotidiana. Não se comentava, não tinha o 'conforto do pranto'. Diante da morte, do hábito da morte, o limite entre cultura e incultura desaparecia" (p. 90). Em contraste a esse anonimato, ele relata um episódio em que diante do amontoado de corpos exterminados, os homens do Esquadrão Especial responsáveis pela gestão dos fornos crematórios encontraram uma jovem de 16 anos ainda viva:

> O evento é excepcional, único... Os homens estão perplexos; a morte é seu ofício de todos os momentos, a morte é um hábito, mas aquela mulher está viva. Escondem-na, aquecem-na, trazem-lhe caldo de carne, interrogam-na... diante deles não há mais a massa anônima, a torrente de pessoas espantadas, atônitas, que desce dos vagões: *há uma pessoa*. (p. 29-30, destaque meu)

Uma pessoa não é coisa pequena!

O domínio pela força, pela violência, o hábito da morte, a disseminação do terror, nunca é demais frisar, advém de situações ou de medidas fora do campo da legalidade e são a explicitação de que o poder está sendo perdido.

Ao descrever a democracia ateniense, Hannah Arendt assinalará a violência como marca da relação existente entre os bárbaros (entre eles, a obediência era exercida pela coerção), e também como marca que evidenciava a diferença entre os homens livres (capazes de fazer uso do discurso) e os escravos que eram forçados a trabalhar e estavam excluídos da fala.

Sua análise ajuda-nos a discriminar certas práticas humanas: *a coerção, a exclusão do espaço social, o abuso da força e o impedimento da palavra* que se constituem como referências para identificar a violência. A *palavra ou a morte*, dilema que marca o sujeito humano desde sua origem, é explicitado com veemência por Moustapha Safouan (1994): "Postular a violência no princípio do que se denomina 'condição humana', sem ter em conta o que ela comporta de *fracasso da palavra*, não conduz a parte alguma" (p. 65 destaque meu). Ou: "não posso falar e matar ao mesmo tempo, pois a palavra supõe uma escuta" (p. 101).

Essa mesma referência à civilização grega, que coloca em destaque o uso da violência na sustentação da escravidão e na abolição da palavra, é referida por Engels (1878) em sentido positivo. Em seu texto, *O papel da violência na história*, afirma que a violência é sempre um meio e tem um papel revolucionário na história. A violência estaria a serviço da sustentação econômica e *se fez necessária em certas condições sociais*: sem a violência da escravidão, do domínio sobre os prisioneiros de guerra, não haveria o "Estado grego nem a arte e a ciência gregas" (p. 44). Será? E o que poderia advir daqueles que foram deixados sem palavra? Mas essa não era uma pergunta pertinente ao universo daquela cultura.

Para Engels, seria a transformação dessa situação econômica, com uma melhor distribuição do tempo de trabalho, que permitiria a utilização, por todos, de seu tempo livre, para tomar parte nos assuntos gerais da sociedade e, dessa forma, abolir a violência do domínio de uns sobre os outros. Utopia que não se concretizou; pelo contrário, nas sociedades nas quais essa ideia tentou ser sustentada surgiram formas cruéis de domínio e de gestões totalitárias, *os meios sobrepuseram-se ao fim*.

Hannah Arendt também coloca em questão a primazia do poder econômico. Para ela, não haveria um único fator decisivo, pois a relação dos homens pode, sempre, trazer uma nova direção aos seus destinos. Em determinadas situações, os países pobres podem suplantar a superioridade técnica, fazendo uso de outros dispositivos, como as guerrilhas, ou a força das grupalidades, por exemplo. É, portanto, bastante restritivo propor que a violência da escravidão se justifique como um mal necessário, ou que o tratamento abusivo dado aos prisioneiros de guerra, como vemos na atualidade, seja pensado como uma forma de controle "autorizado" sobre o inimigo.

Quando Freud, em 1933, foi convocado por Einstein a responder à pergunta de *Por que a guerra?* iniciou sua resposta com outra pergunta: Posso substituir poder por violência? E a argumentação que se segue aproxima-se da desenvolvida, mais tarde, por Hannah Arendt. Para ele, a origem do poder está na transformação da violência, possibilitada pela união dos homens contra aquele que faz uso da força: "A violência é interrompida pela união, e o poder desta união constitui o direito em oposição à violência do um. Vemos que o direito é o poder de uma comunidade" (p. 189). Porém esse poder está sempre ameaçado pelas desigualdades que se criam dentro da comunidade; por um lado há os que tentam, através da força, fazer valer privilégios, de outro, há os oprimidos que lutam para ter alguns direitos reconhecidos. A guerra seria a interrupção temporária do direito com o retorno à violência para que de novo se institua uma nova ordem de direito.

Por paradoxal que seja, afirma Freud, "a guerra não seria um meio inapropriado para estabelecer a ansiada 'paz eterna', já que é capaz de criar unidades maiores dentro das quais uma poderosa violência central torna impossíveis guerras futuras" (p. 191). Porém, ele logo o reconhece, *essa alternativa não se mostra eficaz já que a paz almejada não se estabiliza e as unidades fortalecidas acabam sempre provocando novas guerras*[7].

[7] A história registra uma exceção a esse fato: ela ocorreu no império Maurya, que ocupava quase toda a Índia atual: Por volta de 259 a.C., o imperador Asoka, conhecido como "o furioso", após a batalha de conquista do reino de Kalinga, na qual morreram 100 mil soldados e foram feitos mais de 150 mil prisioneiros, foi tomado de grande arrependimento. Adotou a lei budista de não violência e, para espanto dos países vizinhos, enviou seus embaixadores para avisar ao mundo que renunciava a fazer guerras. Seu governo estruturou-se em torno da moralidade e da sensibilidade social. Nos distúrbios internos, em vez de enviar o exército,

Quando os homens vão para a guerra, continua Freud, há uma série de motivos para que o façam e por certo há, entre eles, o prazer de agredir e destruir. Mas a solução não estaria na eliminação da tendência dos homens para agredir. Além de não haver nenhuma perspectiva para tal projeto, a agressividade é necessária para a manutenção da vida. A solução estaria na *tentativa para desviá-la ou dar-lhe outros destinos para que não encontre sua expressão na guerra.*

Apoiado no projeto iluminista, Freud aproxima o desenvolvimento da cultura ao fortalecimento da Razão, à renúncia das pulsões e à interiorização da inclinação agressiva, embora reconheça que a interiorização das tendências agressivas também pode trazer perigosas consequências para o indivíduo e para a cultura. O indivíduo dominado pela culpabilidade inconsciente e pelo medo de agredir pode entregar-se à tirania do supereu, imobilizar-se nas autorecriminações, e eliminar a potência transformadora de seus atos.

despachava negociadores especialmente treinados para respeitar as necessidades e os costumes das minorias. As estátuas de Buda, destruídas pelo regime do Taliban, em março de 2001, foram construídas em uma dessas expedições. Seria necessária uma análise mais detalhada dessa experiência para entender o destino dado à agressividade e aos desejos nessa comunidade. O que ela revela é a existência insistente e dilemática, presente em algumas organizações religiosas ou espiritualistas, de um ideal social sem fraturas. Imaginário de uma harmonia plena, primazia absoluta de Eros. Asoka foi o responsável pela transformação do budismo numa religião mundialmente conhecida. A crescente difusão do budismo e de práticas corporais orientais parece responder a uma tentativa de contraposição à violência da vida contemporânea; uma outra forma de "cuidar de si". No entanto, ela também responde a uma tentativa de evasão e de recusa da agressividade, o que acaba provocando sintomas.

"Tudo que promova o desenvolvimento da cultura trabalha contra a guerra" (p. 198), prossegue Freud. Uma forma indireta de evitar que a violência se manifestasse seria o fortalecimento da tendência contrária: os laços amorosos e identificatórios entre os homens. Dessa forma, a luta entre Eros e Tânatos pode tanto culminar no fortalecimento do poder e do Direito de uma comunidade ou perder-se na batalha interminável da violência. "Quem poderá prever o desenlace?". Questão que se refere não só ao que estava sendo vivido naquele momento histórico e que prenunciava o terror nazista que se seguiu, mas também a um trabalho interminável de gestão dessas forças tanto no campo psíquico quanto no espaço social.

Birman (1994), em seu texto "A morte entre a ética e a violência", trabalha com a diferenciação proposta por Bourdieu entre violência simbólica e violência concreta. A primeira define um conjunto de códigos simbólicos que funda a cultura. A segunda indica uma "descontinuidade, uma ruptura com a ordem simbólica delineada no contexto de uma dada tradição cultural" (p. 176). As transgressões, resultantes dessa ruptura, remetem, muitas vezes, à associação entre criminalidade e loucura ou entre pobreza, delinquência, sexualidade e loucura.

É por essa referência à ordem simbólica que Birman fará uma aproximação com a psicanálise: a ordem simbólica é o polo fundamental da alteridade que funda o psiquismo no registro da representação contrapondo-se à anarquia e à insistência por descarga das forças pulsionais. Sua consistência é necessária para que sujeito se constitua não como identidade, mas como projeto identificatório. Seu fracasso pode conduzir o sujeito ao limite do colapso. Esta seria a condição de possibilidade para a explosão da violência concreta e para o seu contraponto estrutural que é a experiência masoquista devastadora, a submissão incondicional ao poder do outro. Com efeito, diz ele,

> [...] quando a ordem social passa a naturalizar a convivência com a morte em estado bruto, com a fome em proporções aterradoras, com o abandono de crianças, com a pilhagem do outro para sempre levar a melhor, não nos inserimos mais no universo do reconhecimento recíproco e do confronto onde se reconhece a existência de diferenças legítimas, mas no registro do aniquilamento. (p. 183-184)

Piera Aulagnier (1979) colocará em relevo a importância do projeto identificatório na constituição do Eu e proporá uma diferenciação que torna evidente as duas faces da violência, força inevitável presente na constituição subjetiva e na organização da cultura, e força destrutiva e aniquiladora dessas possibilidades.

É dela essa afirmação contundente e profícua para a análise da violência:

> A esperança de um projeto identificatório que possa realizar-se não pode faltar a nenhum sujeito e, mais do que isso, ela deve designar uma imagem identificatória valorizada pelo

> sujeito e pelo meio, ou por um subgrupo cujos modelos são privilegiados pelo sujeito. (p. 154)

Que projetos identificatórios nossa sociedade oferece para os jovens desempregados? Para os meninos de rua? Para os sem-teto? Para os que lutam pela terra? Um projeto em negativo? Um desígnio de morte? A esperança só existe quando há alguma possibilidade de mudança; quando há garantia do direito de olhar e ser olhado e do direito à palavra. Quando as alternativas de inserção ficam excluídas, a violência da atuação compulsiva ou da apatia (desistência da percepção, impedimento dos pensamentos e da ação) marcam sua presença.

Ela também fará uma diferenciação entre violência primária (tentando demarcar o que é constitutivo do sujeito humano)[8] e violência secundária. A primeira é legítima e necessária para a sobrevivência psíquica e corporal do infans, e se define como efeito da interpretação materna sobre as manifestações vividas pela criança. Esta experiência, que é fundante para o sujeito humano, deixa sempre uma margem de risco à possibilidade de um excesso.

Se a mãe não consegue renunciar a essa possibilidade, *instala-se como modelo da tirania*, e torna ilícito e abusivo o exercício de sua interpretação. Estamos, então, diante da violência

[8] Cabe aqui a ressalva feita por Jurandir Freire Costa ao uso do termo violência. No entanto, a adjetivação proposta por Piera Aulagnier tem, a meu ver, a vantagem de explicitar a necessidade e a importância de diferenciação desses dois atos; o que é próprio da constituição humana e o que se caracteriza como abuso, como desconhecimento da alteridade e, portanto, propriamente violento.

secundária, violência propriamente dita, na qual novamente a noção de excesso, de domínio sobre o outro, de impedimento da palavra, tornam-se traços identificadores e onde o pensamento como marca da autonomia e da intimidade não pode se manifestar.

Essa atuação intrafamiliar é, muitas vezes, o reflexo da violência social. Se os grupos extrafamiliares, nos quais o sujeito fará sua inserção, continuam reproduzindo essa violência, as possibilidades de sua transformação tornam-se muito restritas.

Seria a maldade uma tendência originária? "Estou interessado na natureza violenta e brutal do homem porque este é o seu verdadeiro retrato."[9]

Participei, em 2003, de uma reunião numa instituição hospitalar na qual surgiu, como tema paralelo, a revolta dos menores numa das unidades da Febem que acabava de ser, mais uma vez, notícia dos jornais. Na discussão que se processou, surpreendeu-me a crença arraigada, na maior parte do grupo, de que os atos violentos e cruéis têm como causa a loucura ou a maldade inata daqueles que os praticam. Justifica-se, então, seu afastamento definitivo da convivência humana ou a implementação de medidas de extermínio, a pena de morte, numa tentativa de se colocar o mal do lado de fora, distanciar-se de sua existência; não se implicar com outras justificativas.

Essa forma de compreensão não é recente. A loucura e a problemática do mal, do erro, da falta, do pecado, da

[9] Stanley Kubrick.

sexualidade excessiva ficaram fortemente associadas a partir do século XVII, quando o saber médico, por meio do controle moral, tentou abolir sua tragicidade inquietante. Desde então, os loucos foram alvo de inúmeras discriminações, de intolerância e de tentativas de extermínio.

Quando se toma a criminalidade, como se fosse a manifestação dos "portadores de uma essência maligna" que devem ser eliminados, corre-se o risco de repetir essa história. A punição ganha um poder justificável "[...] não mais simplesmente sobre as infrações, mas sobre os indivíduos; não mais sobre o que eles fizeram, mas sobre aquilo que eles são, serão, ou possam fazer" (Foucault, 1977, p. 22).

O crime, pertencendo ao mundo público, expressa

> [...] o desumano, o insensato, aquilo em que a consciência de todos não consegue reconhecer-se, aquilo que não está baseado nela, portanto aquilo que não tem o direito de existir. De todo modo o crime se torna irreal, e no não ser que ele manifesta, descobre-se seu profundo parentesco com a loucura. (Foucault, 1991, p. 446)

Esse "não ser" é efeito de um mecanismo de projeção: o ruim em mim, "[...] um possível excesso de sexualidade ou de agressividade", atribuo a outro que se torna, então, o agente do Mal.

Pontalis (1991) aponta com clareza a sequência cada vez mais cruel desse mecanismo:

> Percebe-se o "lucro" dessa operação. Tudo o que um indivíduo rejeita ou desconhece em si a contradição interna, a violência, o pulsional é expulso para fora dele, expulso para *dentro* do outro. E por último, vem a expulsão *do* outro, que vai desde o repatriamento para o país de origem até a eliminação física, passando pelo aprisionamento. (p. 38)

Garcia-Roza, em seu livro *O mal radical em Freud* (1990), rastreia no campo da filosofia e da psicanálise as possibilidades de se responder à questão sobre a origem da maldade:

> Sabemos o quanto foi insuportável para a filosofia, durante muito tempo a aceitação de uma maldade originária no homem. Desde Santo Agostinho, para quem não havia um mal substancial, passando por Spinoza e Leibniz, o mal foi pensado como falta ou como defeito, isto é, como algo que não tem positividade própria... É Kant que vai situar o problema do mal radical fora dos limites de uma teodiceia... como algo que tem uma positividade. (p. 151)

Mas essa positividade refere-se a uma *propensão ao mal* e não a uma *determinação* da natureza humana:

> A afirmação do mal radical não faz do homem um ser diabólico. "Radical", aqui, não é sinônimo de absoluto ou de necessário, mas designa o fato de uma disposição subjetiva inerente à natureza humana a qual pode, pela liberdade da vontade, desviar-se da lei moral. Sua natureza *radical* reside

> em sua possibilidade de corromper o fundamento de todas as máximas, o que não significa que essa propensão ao mal vá prevalecer sobre a lei universal. (p. 155)

Freud também resistiu muito tempo à ideia da agressividade[10] e da destrutividade como uma pulsão autônoma. Ela, o sadismo e o masoquismo eram vistos como manifestações da pulsão sexual:

> A história da civilização humana nos ensina que a crueldade e a pulsão sexual estão intimamente ligadas [...] a sexualidade da maior parte dos homens mostra uma mescla de *agressão*, de tendência a dominar, cuja significação biológica estará,

[10] A agressividade não tem, no texto freudiano, uma definição muito precisa. Ora ela aparece como manifestação da pulsão de domínio, ora diretamente associada à crueldade, ao sadismo ou ao ódio. Com a hipótese da pulsão de morte, Freud torna-se mais explícito: a agressividade é um dos destinos possíveis dessa pulsão; ela é enviada para fora numa tentativa de preservação da vida. No texto de 1924, O problema econômico do masoquismo, ela aparece nomeada como pulsão de destruição, pulsão de domínio ou vontade de poder. E, na carta enviada à princesa Marie Bonaparte, em 27 de maio de 1937, Freud a descreve de forma muito semelhante à descrição que fez do ódio no texto de 1915: "Poder-se-ia imaginar um esquema onde originalmente, nos começos da vida, toda a libido estava voltada para dentro e toda a agressividade para fora e isto foi mudando gradualmente no curso da vida". Laplanche, em *Vida e morte em psicanálise* (1985), refere-se a essa imprecisão analisando as referências freudianas sobre o masoquismo e o sadismo, utilizadas ora no sentido de uma violência sexual, ora de uma violência não sexual. E ele conclui que o "o que existe primeiro é uma agressividade voltada para o exterior, mas não sexual. Essa pulsão é a que em outros momentos Freud chama de 'pulsões de dominação', ou seja, a tendência a se tornar senhor do outro para chegar a seus fins, mas sem que essa ação, que poderíamos considerar como puramente instrumental, implique, por si mesma, em algum gozo sexual" (p. 94).

> talvez, na necessidade de vencer a resistência do objeto sexual [...]. O sadismo corresponde, então, a um componente agressivo da pulsão sexual, exagerado, tornado independente e colocado em primeiro plano [...] compreende desde uma posição ativa e dominadora do objeto sexual até a satisfação com a humilhação e o mau-trato do mesmo. (*Três ensaios*, 1905, p. 144-145)

A crueldade faz-se presente na vida infantil até o momento em que se desenvolve a compaixão pela dor dos outros, o que só acontece relativamente tarde. Quando falta essa capacidade de se compadecer, há o perigo de que a ligação infantil da sexualidade com as pulsões cruéis se mantenha para sempre. Erotiza-se a crueldade.

Nesse momento, Freud poderia ter demarcado a autonomia da agressividade e da crueldade, mas, ele hesitou. Numa nota de 1915 aos Três ensaios diz:

"Pode-se presumir que as pulsões de crueldade se originam de fontes realmente independentes das sexuais, porém as observações nos ensinam que persistem influências recíprocas o que limita a presumível independência dos dois grupos de pulsões" (p. 175).

O que sim se evidencia e Freud nunca deixou de demarcá-lo é o prazer que pode advir do "abuso", do excesso, da violência exercida sobre o outro. Todos os processos afetivos intensos, até mesmo as cenas de terror, se estendem ao domínio do prazer sexual e, neste sentido, agressividade, crueldade e prazer aparecem fortemente associados e se conservam, na maior parte dos homens, por toda a vida.

A primeira referência explícita à questão da destrutividade aparece em seu texto de 1920, *Mais além do princípio do prazer*, marcando o surgimento da segunda tópica e o novo dualismo pulsional: Eros (pulsões de vida) e Tânatos (pulsões de morte). É só a partir dessa hipótese que se formula a ideia de uma pulsão agressiva realmente independente, como um dos destinos da pulsão de morte; quando ela é enviada para fora, na tentativa de se preservar a vida. A partir desse momento, a destrutividade terá um papel cada vez mais proeminente em sua obra e o ódio, que na primeira teoria das pulsões ficava numa posição de enigma, se torna, agora, um dos polos do novo dualismo pulsional, como expressão da pulsão de morte. Mas essa formulação não é unívoca, pois o ódio pode surgir, também, como manifestação importante das pulsões de vida.

Retomemos o texto de 1915, *Pulsões e seus destinos*, no qual Freud propõe uma distinção entre o sadismo e o ódio, situando o ódio em oposição ao investimento do eu narcísico; o sadismo permanece como uma pulsão parcial da libido, e o ódio situa-se na oposição eu (sujeito) versus objeto (mundo exterior).

Nesse momento da obra, Freud afirma a anterioridade do sadismo em relação ao masoquismo, mas os liga intimamente em virtude dos destinos da pulsão: a volta contra a própria pessoa e a transformação no seu contrário. "O controle muscular do objeto, uma tendência ativa em direção ao mundo exterior, preside então a emergência do sadismo e sua significação"

(Masotta, 1986, p. 62). Porém, Masotta esclarece que entre a pulsão de dominação e o sadismo constituído há uma distância que não fica recoberta pela ideia de controle muscular, pois, entre o controle ativo da musculatura e o sadismo, há o problema do sofrimento. "No exercício do sadismo que decorre da atividade muscular, a intenção de causar dor não tem cabimento, mas sem tal direção da tendência não se poderia falar de sadismo". Mais tarde, pela identificação com o masoquista, o sádico buscará a dor como forma de satisfação. O sadismo resultará, então, secundário com relação ao masoquismo, conforme a revisão teórica feita por Freud em 1924.

O ódio, diz Freud em 1915, é, com relação ao objeto, mais antigo que o amor e corresponde ao movimento do eu tentando afastar o desprazer, eliminar, destruir o objeto, o outro, o estrangeiro, o estranho perturbador[11]. O outro é, pois, uma fonte primária de sofrimento, mas é também marca de origem; ruptura que o institui que precisará ser contrabalançada posteriormente pelo amor, pelo investimento libidinal.

Quando o eu deixa de ser apenas eu-prazer e torna-se capaz de perceber que o sofrimento pode advir de "dentro de si", torna-se possível "[...] vencer o ódio primário contra o objeto e chegar também a amá-lo" (Menezes, 2001, p. 181)[12]. No

[11] No texto de 1913, "A predisposição à neurose obsessiva", Freud retoma uma afirmação de Stekel segundo a qual "o sentimento primário entre os homens é o ódio e não o amor" (p. 345).

[12] Menezes cita Marie-Claire Boons que "[...] encontra a essência do ódio na vontade de 'destruição do Outro no sentido estrito, isto é, de qualquer lugar de fala', e afirma ser este um desejo que, levado ao extremo, visaria à abolição de

entanto, este ódio primordial que está na origem do ser nunca é totalmente domesticado; "[...] essa parte do ser, tornada outro, para sempre impossível de ser apropriada pelo sujeito falante, constitui o verdadeiro objeto do ódio" (Gori, 2004, p. 116). Renunciar a ele seria um repúdio à própria existência.

O investimento do eu narcísico deixa na sombra sua outra face: o corpo fragmentado, insuficiente, os vestígios daquilo que não se consegue constituir. Face aterrorizadora, fonte do ódio de si que "[...] alimentará as formas mais desenvolvidas do ódio do outro e se descarregará nas suas mais cruéis e mais arcaicas manifestações" (Castoriadis, 1992, p. 39).

Assim, a polaridade eu-outro; amor-ódio e suas vicissitudes estarão sempre presentes na vida psíquica tornando-se tarefa contínua a sua "metabolização".

"Sob a máscara do amor, [...] o ódio está sempre em ação. Inversamente, sob o ódio, o amor tem sempre uma palavra a dizer [...] o amor ao ódio, o amor ao próprio ódio, isso existe" (Pontalis, 1991, p. 75).

Pulsões e seus destinos é contemporâneo de outro texto de Freud: *Sobre a guerra e a morte: temas da atualidade*, ambos escritos durante a experiência trágica da I Guerra Mundial. As questões da maldade, da destrutividade, dos efeitos do ódio ocupavam o cenário da época. Desiludido, Freud se perguntou como é que tal destruição pôde surgir entre povos cultos e

---

qualquer sentido". Para ela, reconhecer o ódio, poder dizê-lo, seria "[...] uma tentativa, arriscada, de não chegar até lá: isto é, até a destruição do outro e do Outro, a destruição de tudo" (p. 163).

civilizados que já haviam construído tantos bens culturais e estabelecido elevadas normas éticas. Povos, em que se poderia supor um entendimento suficiente sobre seu patrimônio comum, e uma tal tolerância com relação às suas diferenças, que impedisse a *equivalência narcísica entre inimigo e estrangeiro*.

Povos, que, apesar de suas conquistas, se comportam com relação à morte de forma mais bárbara do que o faziam os povos primitivos. Esses respeitavam os inimigos mortos, desculpavam-se e realizavam rituais de purificação. Na guerra atual, diz Freud, a crueldade abole qualquer sensibilidade ética com relação ao corpo do inimigo[13].

Em sua resposta, reafirmará que os estados psíquicos mais primitivos podem sempre, em função de determinadas influências da vida, voltar a manifestar-se, abolindo-se todas as conquistas já realizadas. A guerra seria uma dessas situações. A pergunta retornará em 1933, e ele insiste em reafirmar o valor da cultura como força de oposição à guerra. É como se fosse sempre necessário lembrar que esse conflito entre o "bem" e o "mal" é permanente, mas que a via de saída é sempre pela *ação* dos homens.

A *ação* é entendida aqui, no sentido simbólico, aproximando-se da ideia proposta por Hannah Arendt (1983), de

[13] Para Hobbes é a igualdade no medo diante da morte resultante da possibilidade de todos para matar e serem mortos que instiga os homens a saírem do estado da natureza e unirem-se numa comunidade política. É isso que os lança no mundo da cultura. A mesma ideia está presente no mito da horda primitiva descrito por Freud em *Totem e tabu*. Se o medo diante da morte desaparece, se ele se banaliza, tudo se torna possível, inclusive o retorno da barbárie. Nada, então, será possível.

que a ação é uma das mais decisivas experiências humanas, sendo capaz de iniciar processos novos e sem precedentes, e cujo resultado é incerto e imprevisível. Seus efeitos perduram nos discursos que a seguem. A vida sem discurso e sem ação, diz ela, está morta para o mundo. Quando Zizek (2003) se refere ao *Ato*, ele lhe dá o mesmo sentido. Segundo ele, existem duas formas de reagir a eventos violentos e traumáticos: a forma do supereu, "[...] a reafirmação da violência bárbara da selvagem lei obscena para cobrir o vazio do fracasso da lei simbólica" (p. 165), e o *Ato*, que sempre envolve um risco radical porque não há garantias quanto ao seu resultado. "Porque um *Ato* altera retroativamente as próprias coordenadas em que interfere" (p. 175).

Em *Psicologia das massas e análise do eu* (1921), ao desfazer a oposição entre psicologia individual e psicologia das massas, Freud destaca que só em raras ocasiões de exceção, o indivíduo pode prescindir do vínculo com os outros e que este outro está sempre presente em sua vida psíquica "como modelo, como objeto, como auxiliar e como inimigo" (p. 67). Esta afirmação aparecerá expandida no *Mal-estar na cultura* (1930), marcando a radicalidade da pulsão de morte como pulsão de destruição:

> O próximo não é somente um possível auxiliar e objeto sexual, mas uma tentação para satisfazer nele a agressão, explorar sua força de trabalho sem recompensá-lo, usá-lo sexualmente sem seu consentimento, despojá-lo de seu patrimônio, humilhá-lo, infligir-lhe dores, martirizá-lo e assassiná-lo. (p. 108)

E Freud reafirma que não se pode deixar de reconhecer a satisfação que acompanha a mais cega fúria destrutiva, pois pela realização dos mais arcaicos desejos de onipotência, ela oferece ao eu um extraordinário prazer narcísico.

Há, portanto, *para Freud, uma inclinação originária no ser humano ao "mal", à agressão, à destruição e à crueldade.*

Como afirma Garcia-Roza (1990):

> Reconhecer uma pulsão destrutiva como algo totalmente independente da sexualidade, era reconhecer a maldade fundamental e irredutível do ser humano. Não se trata mais de uma sexualidade que, regida pelo princípio do prazer, lança mão da agressividade para atingir seu objetivo, mas, sim, de uma "disposição pulsional autônoma, originária, do ser humano." (p. 134)

Mas a pulsão de morte tem uma outra vertente ao desfazer todas as ligações, rompe com o conservadorismo de Eros e se torna potência criadora. Assim, onde se poderia supor a virtualidade irredutível da maldade é possível também a virtualidade do novo, do processo criativo. O psiquismo humano é o lugar da coexistência de opostos da virtualidade do bem e do mal e não a morada absolutista de uma força única; seu destino é uma mescla imprevisível desses opostos.

Não há uma distinção tranquilizadora a esse respeito. As "circunstâncias propícias" oferecem as trilhas que podem ou não ser percorridas... "O homem raramente é integralmente bom ou mau; quase sempre é 'bom' em certa relação, 'mau' em outra, ou 'bom' sob certas circunstâncias e 'mau' em outras" (Freud, 1915b, p. 283).

Ao sublinhar as "circunstâncias propícias", Freud relativiza o que poderia ser entendido como uma força "inata", absolutista e determinante da crueldade:

"*Sob circunstâncias propícias, quando estão ausentes as forças anímicas contrárias*, [a agressão cruel] se exterioriza espontaneamente, e desmascara os seres humanos como bestas selvagens que nem sequer respeitam os membros de sua própria espécie" (1930, p. 108, destaques meus).

As *forças anímicas contrárias*, não é demais reafirmar, apontam para a importância da presença do outro na constituição do humano, e das marcas que ele institui como proteção ao desamparo original. Essa função que, no início da vida, é exercida pelos pais e pela família, estende-se, depois, aos grupos sociais. Quando nesses grupos o modelo valorizado é o dos privilégios a qualquer custo e a afirmação, pela força bruta, do monopólio da violência, usurpando o poder legítimo do Estado, há poucas possibilidades para a internalização de um pacto social que priorize o coletivo, e permita o redirecionamento das intensidades pulsionais. Elas podem encontrar, então, como destino, a crueldade.

Recentemente, nos Estados Gerais da Psicanálise, Derrida (2000) instigou a psicanálise a abandonar sua resistência e não se evadir do desafio de reconhecer na "soberana crueldade" seu tema mais singular e irredutível. Em sendo irredutível, insistiu

Derrida, é preciso que se cultive uma transação diferencial, "[...] uma via indireta, sempre indireta, de combater a pulsão de crueldade" (2001, p. 74).

Quando as noções do bem e do mal se tornam absolutas, unívocas, impostas, estamos submetidos ao discurso da tirania e perde-se o espaço de hesitação, de indecisão, de uma verdade efêmera, de multiplicidade, próprios do humano. Não há discussão, mas imposição. Não há pensamento; só repetição e obediência. Poder reconhecer, em todos nós, a existência interior da maldade, desse sinistro inquietante, é uma forma de exorcizar o seu horror e responsabilizar-se pelos seus efeitos. Embora isso, que é mortífero em nós, sempre insista...

Grupalidade e violência

A violência pode, também, ser associada a efeitos produzidos pelas grupalidades. Paradoxalmente, ela se torna tão perigosamente atrativa e intensificada em situações de coerência grupal quanto em situações de rompimento dessa coesão.

Em *Psicologia das massas e análise do eu*, Freud (1921) discorre acerca daquilo que faz com que a massa se mantenha coesa e leve os indivíduos a praticar atos insensatos e cruéis, atos que põem em risco suas conquistas e inclusive sua autoconservação. Mas ele faz uma ressalva: as massas podem também fomentar nos indivíduos suas capacidades mais generosas e solidárias; *sua conduta moral pode suplantar os valores individuais tanto para o bem quanto para o mal.*

> [...] a coisa mais bonita que eu acho é a massa, organizada, expressando o que sente... E isso me dá prazer, estar ali no meio. Por isso que não perco: porque quem sabe, quem descobre que tem a força ali no meio, não perde[14].

A experiência trágica do desamparo encontra nas massas uma possibilidade de apaziguamento; ela se constitui pela *identificação* dos indivíduos entre si, e pela sujeição sem crítica, às determinações de um líder, de uma causa ou de uma ideia.

> Se o indivíduo abandona suas peculiaridades em favor da massa e se deixa sugestionar por ela, temos a impressão de que o faz porque sente a necessidade de estar de acordo com os outros e não de se opor a eles; talvez o faça, então, "por amor a eles". (p. 88)

Ou, para ser aceito, ter um lugar na "tribo", não viver o desamparo. Mas, da massa, podem surgir núcleos de organização que possibilitem o rompimento com a unidade alienante e promovam transformações necessárias.

[14] Depoimento de Natil, coordenadora do Centro de Juventude de São João, na Vila Joanisa, periferia do sul de São Paulo, a José Moura Gonçalves Filho (1998), transcrita in *Humilhação social: um problema político em psicologia* (p. 33).

As situações de pânico expressam o rompimento ou a fragilidade desses laços libidinais e a perda de eficácia dos códigos simbólicos, revelando, pelo negativo, a sua importância na constituição das massas. Elas acontecem quando um perigo real ameaça a todos ou quando os "laços recíprocos se rompem e surge uma angústia imensa, sem sentido" (p. 91). Esse é também o momento de caos e violência[15]. Instala-se, de forma generalizada, a fobia do contato, o medo do encontro com o outro. O contato inofensivo interpreta-se como ataque perigoso e é este sentido que acaba prevalecendo.

Nessas condições, os indivíduos abandonam a repressão de suas moções inconscientes, perdem suas conquistas secundárias, raciocínio, capacidade intelectual, inibição, lógica, razão, premeditação, e ficam entregues ao funcionamento primário: impulsividade, exacerbação dos afetos, desaparecimento da crítica, livre satisfação pulsional de todas as moções cruéis,

[15] Mário Eduardo Costa Pereira, em *Pânico e desamparo* (1999), faz uma análise minuciosa das noções de angústia no texto freudiano assinalando a sua origem na condição fundamental de desamparo. Ele propõe que a angústia e o pânico "[...] constituem para o sujeito duas possibilidades afetivas diferentes de enfrentar o caráter necessário e insuperável desta condição de falta de garantias que funda, em última instância, toda a vida da alma" (p. 87). O sinal de angústia anuncia a proximidade do perigo enquanto "[...] o pânico nasce da constatação insuportável da falta fundamental de garantia no que diz respeito ao mundo simbolicamente organizado, constatação para a qual ele não estava preparado" (p. 93). Em sua análise, retoma *Psicologia das massas e análise do eu*, assinalando um movimento psíquico que ultrapassa o caos provocado pela desagregação dos laços libidinais: "[...] o pânico poderia obedecer a certas determinações e inscrever-se, apesar da sua forma caótica, como um processo de simbolização in *status nascendi*" (p. 91). Essa proposição me parece importante, pois revela um estado constante de trabalho psíquico que, mesmo em situações drásticas, não cessa de se realizar.

brutais e destrutivas que habitam o indivíduo desde os tempos primordiais.

Durkheim (1987), em seu estudo sobre o suicídio, também assinalou que quanto mais debilitados forem os grupos aos quais o indivíduo pertence, menos dependerá deles e, consequentemente, dependendo mais de si mesmo, não reconhecerá qualquer outra regra de comportamento que não seja baseada em seus interesses particulares.

Por outro lado, quando o grupo está coeso, os aspectos agressivos são dissociados e projetados na "estrangeiridade" dos outros grupos. Se o que une um grupo é o "amor", todos os que não fazem parte dessa grupalidade podem ser alvo da crueldade, intolerância e violência. A afirmação que se segue revela a atualidade do pensamento freudiano: "Toda religião, ainda que se chame a religião do amor, não pode deixar de ser dura e sem amor por aqueles que não pertencem a ela" (Freud, 1921, p. 94).

Não sabemos, diz Freud, porque se tem tão "[...] grande sensibilidade às particularidades das diferenciações, porém, é inegável que nestas condutas dos seres humanos se revela uma predisposição ao ódio, uma agressividade cuja origem é desconhecida e que se poderia atribuir a um caráter elementar" (p. 97).

Esse caráter elementar se manifestará no "narcisismo das pequenas diferenças" e se sustenta na "perfeição" ilusória do eu ou do grupo.

Hannah Arendt (2001) também destaca a pressão do grupo como causa da violência, como uma exigência que funciona como um rito de admissão:

> Com certeza, em todos os empreendimentos ilegais, criminosos ou *políticos*[16], o grupo, pelo bem de sua própria segurança, exigirá "que cada indivíduo cometa uma ação irrevogável", a fim de destruir as suas pontes de ligação para com a sociedade respeitável, antes que ele seja admitido na comunidade da violência. Mas, uma vez que um homem é admitido, ele sucumbirá ao encantamento inebriante da prática da violência que amarra os homens em um todo coeso, pois cada indivíduo forma um elo violento na grande cadeia, torna-se uma parte do grande organismo da violência em expansão [...] A morte torna-se, nessas circunstâncias um valor um ato heroico, uma garantia de se garantir a "imortalidade potencial do grupo". (p. 50)

Não surpreende que ela inclua nessa grupalidade os "empreendimentos políticos" ao lado dos ilegais e criminosos, pois a realidade corrobora essa afirmação. A morte torna-se um valor não só na "comunidade da violência"; morre-se também pela defesa de uma "comunidade simbólica", ou como forma paradoxal de valorização da vida em situações nas quais ela é intensamente ultrajada.

[16] O destaque é meu.

Porém, a análise dos conflitos sociais, como simples força relativa de cada grupo, traz um grande risco: o de diluir o lugar que essas questões deveriam ocupar como um problema a ser enfrentado pela sociedade (Ribeiro, 2000). Acentuando-se a particularidade das questões dos pequenos grupos, favorece-se a homogeneização dos argumentos, o fechamento narcísico deles consigo próprios e perde-se o valor do espaço público como palco de reconhecimento das diferenças, de discussão, de tomadas de decisão e mudanças.

> Essa dificuldade de sair de si, essa exigência de compensar os danos sofridos, essa solidariedade intensificada com quem eu elejo como igual a mim mesmo, como meu quase-clone (as mulheres, se eu me disser mulher, os homossexuais se eu me afirmar um deles, enfim, o grupo no qual finque minhas amarras), é o que poderíamos chamar uma *política do ego*. Construo de todos os possíveis que me compõem, uma identidade baseada num só deles. (p. 42)

Essa forma de constituição grupal favorece o acirramento da violência em diferentes vias possíveis: contra aquilo que irrompe como alteridade dentro do próprio grupo e poderia desestabilizar o equilíbrio conquistado, contra o que surge como alteridade externa ao grupo e, pela rivalidade que se estabelece entre os grupos que se configuram com outros traços, mas com as mesmas características narcísicas. É o caso das lutas entre gangues ou tribos que caracterizam certos agrupamentos juvenis de nossa época.

Mas essa constituição grupal, que Renato Janine Ribeiro analisa como contraposição àquilo que deveria ser uma questão da sociedade em geral, deve também ser reconhecida em sua potencialidade de denúncia e transformação: os grupos homogêneos são, em certos momentos, uma estratégia de sobrevivência e reconhecimento, um momento necessário para se contrapor à estigmatização e à hegemonia de outras categorias. São uma possibilidade de construir laços sociais e redes solidárias, num momento em que o predomínio do individualismo narcísico é tão pregnante que dificulta a viabilização dos espaços coletivos e a convivência com os diferentes. A questão talvez resida não em sua formação, mas antes nos efeitos de seu fechamento.

Essas grupalidades são também uma estratégia de evasão do sofrimento. O sofrimento, que é próprio do existir humano, torna-se uma ameaça, um sinal de vulnerabilidade, de fracasso. Fracasso que se acentua pela impossibilidade de responder às demandas sociais de "sucesso", de "realização plena" e pela percepção do "sucesso" dos outros. Rivalidade, inveja, ressentimento, medo e ódio marcam o estado de alma do homem contemporâneo. Sentimentos difíceis de suportar e que procuram lenitivo em práticas grupais que adquirem estatuto de seitas (tão frequentes hoje em dia): grupos religiosos, de práticas de meditação, de exercícios físicos, de recuo para a natureza. Grupos que procuram criar uma "irmandade" capaz de abolir as paixões malignas, mas que logo se deixam contaminar por aquilo que esperavam evitar.

As experiências de David Myers, realizadas no fim de 1970, citadas por Calligaris (2003), confirmaram que quando há divergências num pequeno grupo ele pode se desfazer, mas se permanecer unido, a tendência é o acirramento das decisões; a unanimidade se faz graças a uma escolha radical que não existia antes de o grupo entrar em acordo.

O estudo de Philip Zimbardo, "Experiência da prisão", realizado em 1971, apresenta a mesma conclusão: um grupo de estudantes voluntários foi colocado num ambiente fechado e dividido entre "guardas" e "prisioneiros". A experiência teve de ser interrompida porque os maus-tratos dos "guardas" tornaram-se extremamente violentos; um deles mandou que dois "prisioneiros" ficassem nus e se beijassem[17], o que não cumpriu a determinação foi enviado para a "solitária".

Os abusos cometidos em Abu Ghraib e em Guantánamo reatualizaram as discussões acerca dos efeitos produzidos em grupos que se encontram em condições específicas de pressão e isolamento. Zimbardo, em entrevista à *Folha de S. Paulo* (2005), discorda da ideia de que esses abusos sejam atribuídos a patologias individuais; ele os atribui à pressão grupal e ao contexto político em que foram cometidos.

---

[17] As cenas sexuais são frequentes nas experiências de violência surgindo como forma de degradação e demolição do eu. Elas expressam a radicalidade do desamparo daquele que é violentado e que tem seu corpo totalmente sob o domínio do outro. Revelam, também, a proximidade trágica e inquietante entre a sexualidade e a morte.

Assim, a grupalidade tanto pode ser um suporte para o domínio das pulsões, para a transformação necessária da realidade, quanto uma via para a liberação da impulsividade e da violência. Para o bem ou para o mal, "a união faz a força". Talvez a decisão sobre a via a ser tomada dependa daquilo que a cultura sustenta como maior valor simbólico e, como já assinalamos anteriormente, dos espaços de reconhecimento possíveis. Grupos que suportem a diferença, a multiplicidade de traços, que não percam a referência com um coletivo mais amplo, que não se paralisem na homogeneidade narcísica, têm mais possibilidades de se desviar da violência.

A experiência de Ivaldo Bertazzo (2004) com a montagem-dança que ele, sabiamente, denominou *Samwaad – Rua do encontro*, abre um espaço para a utopia. Poderíamos, poeticamente, tentar compor grupalidades que possibilitassem o surgimento de "cidadãos-dançantes". Cidadãos que se reunissem na "rua do encontro", marcando com a força da diversidade de suas culturas, de suas histórias e a beleza de seus corpos sua "posição no convívio social e cultural". Corpos que não fossem "levados pela onda", mas se permitissem descobrir a riqueza de outros horizontes e criassem uma multiplicidade de ondas, reconhecendo a potência da alteridade e a força possível da mudança. Pequenos gestos, um pouco de poesia, vias indiretas de endereçamento, de saída da paralisia, da rigidez estereotipada, de resgate do espaço público. Talvez esses múltiplos encontros grupais pudessem ganhar uma abrangência de circulação que permitisse a diluição dos efeitos das intensidades mortíferas...

Impunidade. Punição. Violência

Falar da violência como marca constitutiva da subjetividade, como característica da condição humana e da cultura traz alguns riscos. Essa afirmação pode ser utilizada para banalizar e "justificar" os atos realizados e impossibilitar a aplicação das penalidades devidas, pois "relativiza" as referências possíveis entre o certo e o errado, entre o legítimo e o ilegítimo; já que todos, diante das mesmas circunstâncias, poderiam ter agido da mesma forma[18].

"Onde todos são culpados ninguém o é; as confissões de culpa coletiva são a melhor salvaguarda possível contra a descoberta dos culpados... a melhor desculpa para nada fazer" (Arendt, 2001, p. 48). No entanto, a despeito das vicissitudes exteriores ou interiores implicadas na questão, existe um abismo entre a realidade do ato e a potencialidade do que qualquer um poderia ter feito. E isso precisa, necessariamente, ser reconhecido a fim de que as punições possam ser legitimamente aplicadas e se possa impedir a continuidade dos atos violentos.

À psicanálise não cabe o julgamento do bem ou do mal e nenhuma decisão acerca das punições a serem estabelecidas.

[18] Talvez seja por isso que Hannah Arendt insiste tanto na necessidade de se precisar os termos e diferenciar força, poder e violência.

Ela permanece, como diz Derrida (2001), no campo do indecisível. "Para passar à decisão é preciso um salto para fora do saber psicanalítico *enquanto tal*" (p. 79). Mas as decisões a serem tomadas, pelo direito, pela ética, pela política têm a responsabilidade de levar em conta o saber psicanalítico. E este, por sua vez, tem a responsabilidade de considerar o que acontece fora de seu campo *enquanto tal*.

A punição é necessária para "[...] defender a honra ou a autoridade daquele que foi afetado pelo crime, de forma a impedir que a falta de punição possa causar sua desonra" (Arendt, 2000, p. 310). A desonra pode ser pensada de uma forma mais abrangente como um colapso no psiquismo; os que foram afetados pelo ataque sofrem indefinidamente a experiência de viver como se nada tivesse acontecido, correndo o risco de que o seu "juízo de existência"[19] fique também abolido. Que um coletivo possa inscrever na sua história as violências sofridas e as sanções reconhecidas, é uma forma de elaborar o traumático dessas experiências. O não reconhecido, o não dito, tende a retornar de forma mais furiosa. O ato de justiça "[...] conserta a ruptura da ordem social, confirma a validade da lei e, por conseguinte, a própria ordem social" (Todorov, 2002, p. 202).

Freud, em *Totem e tabu* (1913), aponta para o perigo da dissolução social quando o crime ou infração não é punido: os infratores tornam-se modelos a ser imitados, pois revelam

[19] No texto "A negação", de 1925, Freud refere-se a duas decisões da função do juízo: a de atribuição, isto é bom ou mau; e a de existência, que decide pela existência de uma representação na realidade.

o desejo de todos de realizarem o que é proibido; "[...] a desobediência à proibição se propaga como um contágio" (p. 41). E em *O futuro de uma ilusão* (1927) acentua que uma grande parte dos homens só obedece às proibições culturais quando pressionados por uma exigência externa; assim que ela mitigar sua exigência, darão vazão aos desejos mais imediatos não se importando de causar danos aos outros se estiverem a salvo do castigo (p. 12). É por isso que a culpabilidade ganhará destaque como sustentação da cultura, pois ela é o efeito da internalização do código moral e da repressão das tendências agressivas.

Nietzsche denunciou como

> [...] delinquência e pieguice doentia o momento em que a própria sociedade toma partido por aquele que a prejudica, pelo criminoso. [...] Em que punir lhe parece injusto, ou pelo menos a ideia de castigo, a obrigação de punir fazem-na sofrer, dão-lhe medo. (Assoun, 1989, p. 244)

A punição é também necessária para o que comete o crime; para que ele possa sair da posição *de quem não se responsabiliza*; de quem não sabe ou não se importa com o que está fazendo; de quem não se pergunta por que fazer isto em vez daquilo. Adolf Eichmann declarou em seu julgamento: "Não me sinto responsável em meu foro íntimo. Sentia-me livre de toda responsabilidade. Fiz meu dever conforme as ordens". E, significativamente, ele se referiu a esse dever como o de uma "obediência cadavérica" (Arendt, 2000, p. 152)[20]. Ou seja, ele, como sujeito humano, já estava morto.

A punição convoca, portanto, para o necessário reconhecimento de um dispositivo legal, de uma forma de regulação social, de um espaço no qual quem julga e quem é julgado possa fazer uso da palavra. O pedido de Althusser (1992) para ter o direito a um julgamento é explícito nesse sentido apesar da loucura, ele pedia o direito de ser julgado pelo crime que cometera. Ao ser declarado impronunciável pelo assassinato de sua mulher, viu-se privado da possibilidade de continuar filósofo, de articular com pleno direito sua autonomia e sua fala. Em 19/3/1985, escreve uma carta a um de seus amigos mais íntimos declarando que não poderá reaparecer na cena pública sem antes se explicar sobre o que lhe aconteceu:

> É provável que se julgue chocante que eu não me resigne ao silêncio depois do ato que cometi, e também à impronúncia que o sancionou e da qual, segundo a expressão espontânea, eu me beneficiei. Mas, não tivesse eu esse benefício, e deveria ter sido julgado. E tudo que peço é que isso me seja concedido; que me concedam agora o que então poderia ter sido uma obrigação. (p. 21)

---

[20] Hanna Arendt (2000) analisa os eufemismos de certas afirmações: em vez de dizer: "Que coisas horríveis eu fiz com as pessoas!", os assassinos podem dizer: "Que coisas horríveis eu tive de ver na execução dos meus deveres, como essa tarefa pesa sobre os meus ombros!"(p. 122).

Escreve, então, uma espécie de autobiografia, na qual inclui explicações sobre o drama e seu "tratamento" tanto policial como judiciário e hospitalar. Essa escrita é a sua forma de se submeter ao julgamento público; de garantir que sua palavra seja ouvida. É o seu pedido de ser reconhecido como autor.

"Que eu não me resigne ao silêncio *depois do ato que cometi*". Desta afirmação de Althusser podemos deduzir algo mais de seu pedido, se a acentuamos de outra forma: "Que eu não me resigne ao silêncio *do meu ato*". Ou seja, que ele possa inscrever palavras, *a posteriori*, ali onde só ocorreu ato; ali onde ele se perdeu como sujeito. Considerá-lo impronunciável é condená-lo duplamente; é mantê-lo na alienação.

Freud (1916) explicita uma outra razão para a necessidade de ser punido por parte daquele que comete uma infração. É uma necessidade que inverte a ordem crime-castigo. Há situações, diz ele, nas quais a culpa preexiste à falta e a execução do ato infrator propicia um alívio psíquico ao sujeito. E ele coloca duas questões: "De onde provém esse obscuro sentimento de culpa anterior ao delito?". "É possível que uma causa desse tipo tenha uma participação importante na execução dos delitos?" (p. 338). Em sua resposta esclarece a origem do sentimento de culpa: ele se originaria na experiência amorosa infantil e seria uma reação aos dois piores crimes que o homem poderia cometer, os únicos que nas sociedades primitivas são perseguidos e abominados, o parricídio e o incesto com a mãe, e que se fazem presentes, como desejo e temor, na experiência imaginária infantil. Diante desse perigo, cometer outros delitos que possam apaziguar a culpabilidade transforma-se num alívio. Mas Freud deixa sem resposta precisa a segunda questão alertando que essa explicação se justifica para certos casos, mas não pode ser generalizada. Mais tarde, sua concepção acerca do masoquismo e da pulsão de morte explicará, de outra forma, essa "necessidade de castigo".

Se o direito ao julgamento e à punição justa pode se constituir num benefício psíquico e cultural, as formas pelas quais eles foram exercidos ao longo da história configuraram-se, muitas vezes, como exercício macabro de violência e de retaliação. O espetáculo selvagem das cenas de punição tendia a igualar o carrasco com o criminoso, os juízes aos assassinos, invertendo os papéis e tornando o culpado um objeto de piedade e admiração.

O suplício de Damiens, ocorrido em 1757, com que Foucault inicia seu livro *Vigiar e punir* (1977), revela um tipo de punição: ter o corpo esquartejado, supliciado, amputado, queimado, perfurado, exposto como espetáculo que tenderia ao desaparecimento no fim do século XVIII e início do século XIX. À medida que a punição deixa de ser encenada publicamente, vai ganhando o terreno da consciência abstrata; "[...] a certeza de ser punido é que deve desviar o homem do crime e não mais o abominável teatro" (p. 15).

É a expansão do poder disciplinador no tecido social que infiltra, nas consciências individuais, a força inevitável da punição. Sua concepção sobre a internalização da disciplina aproxima-se da ideia de culpabilidade inconsciente tão acentuada por Freud. Porém, essa ocultação do espetáculo da punição acaba sendo suprimida na cultura das imagens; a mídia encarrega-se de tornar novamente público, com todas as minúcias e crueldade, o espetáculo cotidiano da morte e das execuções. Não terá isso um efeito sobre o lugar da culpa na cultura? Indiferença e sedução pela crueldade disputarão com ela a primazia no psiquismo?

A ênfase na necessidade e a legitimidade da punição têm, como já afirmamos, efeitos na sustentação da lei e no controle e evitação dos atos violentos, funcionando como garantia de confiabilidade nos dispositivos institucionais e no estabelecimento dos laços sociais. Mas há aqui uma sutileza que demanda precisão para que não valorizemos indevidamente a ideia da punição: o medo da punição é insuficiente como garantia da confiabilidade nos dispositivos institucionais. O percurso é inverso: o que é prioritário, nunca é demais reafirmar, é a valorização e consequente internalização de um Estado de Direito capaz de sustentar um pacto social que priorize o coletivo em detrimento das vantagens momentâneas individuais.

Quando isso se perverte, ou seja, quando o Estado não consegue controlar a violência, que seria seu monopólio legítimo e, pelo contrário, ainda a produz em decorrência de suas ações ou pelo fracasso de suas funções, *a ideia da impunidade espalha-se com tal intensidade pelo tecido social que infiltra o terreno das consciências individuais, generalizando-se numa descrença absoluta no poder do Direito e da Ética.*

A mesma inversão acompanhou a proposta da prisão como espaço punitivo-corretivo. A crítica da prisão e de seus métodos como instauradores de criminalidade e violência aparece, quase concomitantemente à sua instalação, sendo denunciada como o grande fracasso da justiça penal. É surpreendente constatar que já na primeira metade do século XIX ela é atacada por razões que ainda hoje podemos validar. Foucault (p. 234-236) assim as enumera:

- as prisões não diminuem a taxa de criminalidade: pode-se aumentá-las, multiplicá-las ou transformá-las; a quantidade de crimes e de criminosos permanece estável, ou, ainda pior, aumenta;
- a detenção provoca a reincidência; depois de sair da prisão, aumentam as chances de voltar para ela; os condenados são, em proporção considerável, antigos detentos.
- a prisão não pode deixar de fabricar delinquentes. Fabrica-os pelo tipo de existência que faz os detentos levarem. [...] todo o seu funcionamento se desenrola no sentido do abuso de poder, na corrupção, no medo e na incapacidade dos guardas.
- A prisão torna possível, ou melhor, favorece a organização de um meio de delinquentes, solidários entre si, hierarquizados, prontos para todas as cumplicidades futuras.
- As condições dadas aos detentos libertados os condenam fatalmente à reincidência. A quebra do banimento, a impossibilidade de encontrar trabalho, a vadiagem são os fatores mais frequentes da reincidência.

Em maio de 2003, Miguel Reale Júnior, em artigo publicado na *Folha de S. Paulo*, acerca das causas da violência e das medidas de contenção, afirma que o combate à criminalidade violenta com o terror penal

> [...] cria um clima de violência institucional, passando à sociedade a lição de legitimação da violência como a única resposta à complexa questão da criminalidade, sem resultados práticos senão o de exacerbar os ânimos de vingança e de ódio [...] Perde-se a dimensão ética e tudo passa a ser válido: todo mal é justificado na luta contra o mal, inclusive matar fria e injustificadamente.

Mais uma vez a análise se repete: *a prática da violência, como toda ação, muda o mundo, mas a mudança mais provável é para um mundo mais violento.*

O fracasso do sistema carcerário, as revoltas que se sucedem com certa frequência (e que nos assustam pelo excesso, pela crueldade com que se manifestam), conduziram à tentativa sempre recorrente de um apelo à reformulação do sistema, à tentativa de instauração de seus princípios iniciais. Foucault ressalta que esses princípios, dos quais ainda hoje se esperam efeitos maravilhosos, são bastante conhecidos e constituem as máximas universais da boa "condição penitenciária". Vale a pena reproduzi-los (p. 237-238):

1. Princípio da correção: a detenção penal deve ter por função essencial a transformação do comportamento do indivíduo. Essa ideia surgiu no campo da ciência e da legislação no Congresso Penitenciário de Bruxelas, em 1847.
2. Princípio da classificação: os detentos devem ser isolados ou pelo menos repartidos de acordo com a gravidade penal de seu ato, mas principalmente segundo sua idade, suas disposições, as técnicas de correção que se pretende utilizar para com eles e as fases de sua transformação.
3. Princípio da modulação das penas: as penas devem poder ser modificadas segundo a individualidade dos detentos, os resultados obtidos, os progressos e as recaídas.
4. Princípio do trabalho como obrigação e como direito: o trabalho deve ser uma das peças essenciais da transformação e da socialização dos detentos. Deve-se permitir aprender ou praticar um ofício, e dar recursos ao detento e à sua família.
5. Princípio da educação penitenciária: A educação do detento é, por parte do poder público, ao mesmo tempo uma precaução indispensável no interesse da sociedade e uma obrigação para com o detento.
6. Princípio do controle técnico da detenção: o regime da prisão deve ser, pelo menos em parte, controlado e assumido por um pessoal especializado que possua as capacidades morais e técnicas de zelar pela boa formação dos indivíduos.

7. Princípio das instituições anexas: o encarceramento deve ser acompanhado de medidas de controle e de assistência até a readaptação definitiva do antigo detento. Seria necessário não só vigiá-lo à saída da prisão, mas prestar-lhe apoio e socorro.

A permanência do sistema carcerário como dispositivo privilegiado de punição repousa na sua íntima associação com o poder disciplinar iniciado no século XVIII e legitimado no corpo social. Seu efeito mais imediato é que

> [...] ele consegue tornar natural e legítimo o poder de punir, baixar pelo menos o limite de tolerância à penalidade. Tende a apagar o que possa haver de exorbitante no exercício do castigo, fazendo funcionar um em relação ao outro os dois registros, em que se divide: um, legal, da justiça, outro, extralegal, da disciplina [...] O carcerário "naturaliza" o poder legal de punir, como "legaliza" o poder técnico de disciplinar. (p. 264-265)

Ele tem funcionado, na sociedade moderna, como sustentáculo do poder normalizador, *quando o necessário seria um poder transformador*.

Mas essa legalização e naturalização são conflituosas e o fracasso no sistema carcerário pode ser visto como uma derrota do sistema disciplinar ou, pelo menos, como analisa Foucault, no seu fracasso como dispositivo normalizador privilegiado já que outros dispositivos tomaram seu lugar: o saber médico, científico, psicológico, pedagógico. De qualquer forma, sejam quais forem os dispositivos usados pelo poder, eles não deixaram de se infiltrar no âmbito do controle dos corpos dos seres viventes dando origem ao que Foucault denominou biopolítica.

O memorial de Pierre Rivière que expõe sua vida e os motivos que o levaram ao crime de degolar sua mãe, sua irmã e seu irmão, em 1835, é exemplar a respeito da oscilação entre o "[...] direito e o torto o justo e o injusto" (Foucault, 1984, p. 193), e do enlace entre o poder judiciário e o poder médico; poder prisional e poder psiquiátrico têm caminhado juntos na sociedade disciplinar.

Poder sobre os corpos, sobre sua produtividade e utilidade? Sim, isso é possível, mas não acontece só no registro da doce passividade; eles passam a reivindicar poder, solicitar outro tipo de prazer, revoltam-se, escapam à normalização que lhes é impingida. Manifestam-se nas violações das regras, nas revoltas carcerárias, na violência cruel sobre os outros corpos... Ou sofrem de melancolia, de somatizações, de masoquismo, denunciando o desterro subjetivo a que foram coagidos.

As contradições e ambiguidades presentes na sociedade reproduzem-se no dispositivo corretivo. E ele, repete o que já é amplamente conhecido sobre as instituições fechadas: tentando corrigir a violência, transformam-se em palco de violência. Por um lado, é frequente a aplicação de uma penalidade que ultrapassa o ato cometido, os já excluídos socialmente estão muito mais facilmente expostos a esse risco; expostos a penalidades maiores e a solidariedades menores. A indignação com as injustiças sofridas torna-se tanto menor quanto mais distante o sujeito está das marcas sociais hegemônicas, classe social, cor, riqueza, prestígio...

O conceito de estado de exceção de Agamben e sua análise sobre a vida nua (2002) "[...] a vida matável e insacrificável do *homo sacer*", a vida que vale a pena ser vivida e a que não tem esse valor revelam profundamente essa ideia de uma inclusão numa ordem que se revela exclusão.

"O projeto democrático-capitalista de eliminar as classes pobres, hoje em dia, através do desenvolvimento, não somente reproduz em seu próprio interior o povo dos excluídos, mas transforma em vida nua todas as populações do Terceiro Mundo" (p. 186).

A condição de *homo sacer* corresponde àquela que qualquer um pode matar sem ser punido por isso o que, nos tempos atuais, pode ser estendido a qualquer um. A biopolítica converteu-se em tanatopolítica. A condenação já está dada antes de qualquer julgamento regido pelo Direito.

Por outro lado, há, por parte da mídia, um movimento de heroificação do criminoso, uma convocação ao reconhecimento de sua "habilidade" singular para burlar a lei, cometer excessos, ter regalias mesmo estando encarcerado. Um movimento reativo de equiparação aos privilegiados que escapam da justiça[21]? Sim. Mas também uma forma de sustentar um

[21] Em 1983, Pellegrino faz uma incisiva afirmação neste sentido: "O pobre absoluto não tem porque manter o pacto social com uma sociedade que o reduz à

lugar narcisicamente investido, a identificação com um lugar de exceção.

De um lado a denúncia dos maus-tratos que impossibilitam a reabilitação moral, de outro a denúncia do excesso de tolerância. O pedido é de que as punições sejam mais severas. Cria-se um falso contraponto presente no ataque aos defensores dos direitos humanos: direito dos infratores, criminosos, prisioneiros versus direitos das vítimas. A presença dessa falsa dicotomia já é reveladora de uma realidade marcada pela exclusão e pela injustiça. Não se trata de vitimizar ou privilegiar os infratores, mas antes de uma preservação dos direitos e garantias constitucionais; de uma sustentação, no limite do possível, do Estado de Direito.

Essa dificuldade histórica com relação a quem, àquilo que pode e deve ser punido e as formas pelas quais se exerce esse direito revelam a impossibilidade de se encontrar uma medida exata e absolutamente justa para enfrentar o mal. Outro aspecto dessa dificuldade revela-se no temor de nos vermos no limite do moralismo mais conservador e ingênuo. Punir é vivido como um ato de violência, como um impedimento das singularidades e da "liberdade" que o homem moderno pensa ter conquistado.

"A especificidade da moralidade moderna atrapalha qualquer atitude normativa, a começar pela administração da Justiça: para os modernos, julgar é difícil e condenar é penoso.

---

condição de detrito, ao mesmo tempo que, em seus estratos dirigentes, se entrega à corrupção e ao deboche impune. Ele tem toda razão de odiar e repelir essa sociedade" (p. 204)

Pois mesmo o criminoso hediondo ganha, para nós, figura humana" (Calligaris, 2005).

Essa pretensão é lucidamente desconstruída por Derrida (2004) que se refere à justiça como algo que não se confunde com uma harmonia, com uma ordem, e insiste em sublinhar uma irredutível disjuntura entre o direito e a justiça. Para ele, os axiomas do direito penal continuarão rudimentares e primitivos, quaisquer que sejam seu aparente refinamento e sua sofisticação "técnica".

> No cerne da justiça, da experiência do justo, uma disjunção infinita reclama seu direito, e o respeito de uma irredutível dissociação: não existe justiça sem interrupção, sem divórcio, sem referência deslocada para a alteridade infinita do outro, sem experiência manifesta daquilo que permanece para sempre *out of joint*. (p. 101)

Sustentar a punição, legitimá-la, é enfrentar uma série de paradoxos e de contradições, mas é tarefa necessária para a sobrevivência na cultura e da cultura. A impunidade espraia no humano, a via para a violência.

3.

O HOMEM CONTEMPORÂNEO: MARCAS DE SUA CONSTITUIÇÃO

Sempre se é filho da época em que se vive,
mesmo naquilo que se considera ter de mais próprio.
(Carta de Freud a Fliess de 5 de novembro de 1897)

Vivemos num mundo moderno? Pós-moderno? Hipermoderno? Que marcas circunscrevem a subjetividade de nossa época? O que elas podem revelar acerca da incidência da violência como traço preponderante na cultura? E que aberturas se delineam como reações possíveis a esses efeitos? Muitas das situações de sofrimento psíquico, das dores do existir são, na realidade, o efeito perceptível de um modo de viver que nos constitui como "filhos de nossa época", um pouco construtores, um pouco alienados dessas determinações.

Das características gerais da modernidade, destacarei, em seguida, o narcisismo e o individualismo, a concepção freudiana acerca da renúncia pulsional como condição necessária para a construção do processo civilizatório, e o lugar da culpabilidade na estruturação do sujeito e na preservação da cultura.

É importante reconhecer que a psicanálise transita para além de fronteiras delimitadas; resgata a tragicidade renascentista da experiência humana, revela o dilaceramento silencioso e obscurecido da mente, tal como Foucault o desvendou na era clássica, e constrói um novo lugar psíquico para o sujeito, mas sua produção e análise engendram-se com as características da modernidade. Ou, como diz Birman (2003), inscrevem-se como "[...] crítica aos impasses que a modernidade constituiu para o sujeito" ao apontar os efeitos de retorno do que foi recalcado por seu projeto sociocultural.

Tomemos, inicialmente, o sentido da palavra "modernidade" tal como se apresenta no dicionário. Suas definições já nos dão indícios para uma crítica à ideia de "algo que venha depois", como o propõe a nomeação de pós-modernidade. No *Aurélio*, modernidade designa tudo aquilo que é moderno, ou seja, a tendência para aceitar inovações, a facilidade em aceitar ou adotar práticas e concepções que o uso ainda não consagrou, a ruptura com a tradição e a liberdade de criação dos tempos atuais. Ela define, portanto, o que é mais próximo de nós, o mais recente, e está estreitamente ligado à ideia de progresso e à valorização positiva da novidade. Em seu interior, gesta-se a imagem de um sujeito criativo, poético, convocado continuamente para a construção de sua singularidade e para a organização da coletividade. Mas também a de um homem burocratizado, alienado, coisificado, impotente e desencantado com o mundo. Acompanhemos, então, as descrições que dela nos apresentam alguns de seus investigadores.

A modernidade, segundo Anthony Giddens (1998), define-se por um estilo, um costume de vida ou organização social que emergiu na Europa a partir do século XVII e depois se espalhou pelos outros continentes. Ao contrário de Lyotard que lançou a ideia de ultrapassagem desse estilo de vida com a categoria de pós-modernidade, Giddens argumenta que ainda estamos num período em que as consequências da modernidade estão se radicalizando e universalizando e ainda não há propostas que as ultrapassem.

A era moderna rompeu com todos os tipos tradicionais de ordem social tanto em extensão, abrangendo possibilidades de interconexão social entre todas as partes do mundo, quanto em intensidade, alterando as características mais íntimas e pessoais de nossa existência cotidiana. No século XX o "lado sombrio" da modernidade ganhou visibilidade configurando-se como o século das guerras. Perdeu-se a crença no progresso, na expectativa de segurança e na possibilidade de confiança no outro. Walter Benjamin já havia apontado para o lado negativo da ideia de progresso, sendo um dos críticos mais radicais desse conceito. Para ele o progresso está marcado por catástrofes: a exploração mortífera da natureza e o aperfeiçoamento das tecnologias de guerra que provocam massacres contínuos e irracionalidade fascista (Löwy, 1992). Viver tornou-se uma experiência de risco.

Risco é um termo que passou a existir na modernidade. A palavra derivou sua origem de um termo náutico espanhol que significa "correr para o perigo" ou "ir contra uma rocha".

O "risco" substituiu o que antes era atribuído à fortuna ou ao destino e implicou na compreensão de que "[...] resultados inesperados podem ser uma consequência de nossas próprias atividades ou decisões, ao invés de exprimirem significados ocultos de natureza ou intenções inefáveis da deidade" (Giddens, 1998, p. 38).

O mundo pré-moderno também era marcado por um cenário de ansiedades e incertezas, ligadas às adversidades do meio físico, ao sofrimento no corpo, para o qual não havia tratamento possível, e à preponderância da violência humana ligada a exércitos predadores, a senhores de guerras locais ou salteadores. Porém, a tecnologia de destruição era bem mais restrita, as distâncias eram dificilmente transitáveis e o tempo não tinha a aceleração própria de nossa era. O homem do passado podia submeter-se a mortificações e sacrifícios, pois eles lhe garantiam reconhecimento, o investiam de uma responsabilidade limitada e previamente definida, e o ligavam aos demais por meio de todo tipo de deveres rotineiros. O mais significativo dessa diferença é que "a experiência originária de desamparo do sujeito ficava regulada de maneira eficaz em função da fixidez e da longa duração do sistema de regras" (Birman, 2003, p. 78). Não havia a angústia de ter que se inventar cotidianamente.

Nas últimas décadas, a noção de risco radicalizou-se; tornou-se um "jeito de viver" no qual o excesso está sempre presente e vencer a morte é o grande desafio. Ultrapassou a ideia de que o destino depende de nossas próprias atividades ou decisões, pois se apresenta intimamente vinculado ao terror do inesperado, ao medo da violência, ao ataque que pode advir de qualquer lugar, a qualquer momento. O "risco" tornou-se paranoia.

Como responder a essa sensação constante de risco, desamparo e incertezas? Guiddens assinala quatro possibilidades:

- a aceitação pragmática: perspectiva já assinalada por Cristopher Lasch, e que pode ser sintetizada no "já que é impossível controlar o mundo, cuidemos dos afazeres do dia a dia". Essa reação entorpece o sujeito, mas não consegue ser suficientemente eficaz; esporadicamente o sujeito é invadido pelas intensidades afetivas das quais tenta se evadir e que se manifestam como crises de angústia.
- O otimismo sustentado: uma esperança de que a ciência ou a religião encontrarão respostas para as dificuldades que se vive.
- O pessimismo cínico.
- O engajamento radical: perspectiva que acredita na possibilidade reivindicatória e contestatória dos movimentos sociais.

Dessas alternativas, o pragmatismo e o pessimismo cínico tornaram-se as respostas mais marcantes de nossa contemporaneidade, revelando o descompromisso com a vida política, à medida que as instituições perderam seu valor no tecido social, e o afastamento do sofrimento que poderia advir do desamparo e da percepção de abandono, miséria e exclusão de grande parte da população.

Mas mesmo que fosse possível ter controle sobre essas situações de risco, restariam sempre consequências involuntárias. O homem moderno está permanentemente confrontado com sua condição de desamparo, insuficiência e vulnerabilidade. A transformação nas formas de trabalho e de ocupação do tempo, que acompanharam os desdobramentos da revolução industrial e a reprodução ampliada do capitalismo, acentuaram esses aspectos e culminaram na produção de "resíduos humanos" (Bauman, 2003), seres supérfluos e desperdiçados, e na inutilização de formas anteriores de subsistência.

Essa característica de desmontagem acelerada, sem perspectivas de permanência, é o traço privilegiado por Bauman, para caracterizar o que nomeia de "modernidade líquida": Tudo é temporário; a modernidade é fluida tal como os líquidos e caracteriza-se pela incapacidade de manter a forma. A esse excesso de mobilidade, de demandas, de informações, corresponde, no indivíduo, um sentimento agudo não só de insuficiência, mas também de banalização das experiências.

A desmontagem incide na construção dos lugares possíveis, no contorno sempre insatisfatório do próprio corpo, na frugalidade das relações amorosas. O surgimento do individualismo, com o início do Renascimento, libertou, gradativamente, o homem moderno dos grilhões da autoridade e da tradição, mas, ao retirar-lhe a segurança de um lugar predeterminado, lançou-o na "[...] era de um tormento perpétuo" (Bruckner, 1995). Há na aspiração a ser *um* tanta exigência e idealização que a rotina e a "banalidade" do cotidiano inevitavelmente gera decepção e sofrimento.

Tentando dirimir esse sofrimento, a sociedade moderna a cada dia oferece novos objetos ilusórios e fomenta o consumo compulsivo, mas o indivíduo já não se admira ou satisfaz com as descobertas de novos objetos. Pelo contrário, essa oferta o assola, ainda mais, com a carência contínua. A perda de valor dos objetos, sua substituição contínua, é simultânea à perda de valor do Eu. Se algo fracassa, é a ele, em última instância, que se deve culpabilizar.

> Esse homem, aprisionado às exigências de um ideal que o alimenta e ao mesmo tempo o destrói, vive continuamente o conflito entre o que efetivamente é capaz e o que verdadeiramente ele deseja. Sofre, portanto, uma fratura entre as exigências de um "ideal do eu" e as possibilidades de seu "eu ideal." (Peres, 1999, p. 16)

Fragilizado, insuficiente, culpabilizado, intolerante consigo próprio e com os outros, ele é alvo fácil das manifestações sintomáticas do narcisismo na forma de depressões ou de revoltas odiosas e violentas.

Essas "doenças" decorrentes do individualismo e do narcisismo foram nomeadas por Bruckner (1995) como efeitos da inocência que, segundo ele, se manifesta por duas atitudes: o infantilismo e a vitimização. "Sua majestade o bebê" continua a reinar pela idade adulta reivindicando privilégios, satisfações ilimitadas e furtando-se a qualquer solicitação de que assuma a responsabilidade por seus atos e sua vida. Na segunda direção, o objetivo é o mesmo colocar-se na pele de vítima é uma fórmula fácil de se esquivar ao compromisso com as dificuldades e as dores do existir; é colocar nas mãos de um outro (indivíduo, grupo ou nação) a culpabilização pelo sofrimento pessoal. É deste lugar de mártir que muitas atrocidades serão cometidas e tentarão apresentar-se como justificadas pela necessidade de reparação.

As duas posições evidenciam, também, a perda do lugar da autoridade no mundo moderno. O que marca uma relação de autoridade é o reconhecimento legítimo dos lugares de cada um bem como a responsabilidade que se assume diante dos fatos do mundo.

> Ao removermos a autoridade da vida política e pública, pode ser que isso signifique que, de agora em diante, se exija de todos uma igual responsabilidade pelo rumo do mundo. Mas isso pode também significar que as exigências do mundo e seus reclamos de ordem estejam sendo consciente ou inconscientemente repudiados; toda e qualquer responsabilidade pelo mundo está sendo rejeitada, seja responsabilidade de dar ordens, seja a de obedecê-las. Não resta dúvida de que, na perda moderna da autoridade, ambas as intenções desempenham um papel e têm muitas vezes, simultânea e inextricavelmente, trabalhado juntas. (Hannah Arendt, 2003, p. 240)

Quando uma geração se recusa a assumir seu lugar de autoridade, está deixando seus filhos entregues ao risco da violência e recusando-se a assumir a responsabilidade pelo mundo em que vivem. É o lugar de *inocência* que é novamente ressaltado: "Nem nós sabemos o que fazer. Somos inocentes. Como Pôncio Pilatos modernos, lavamos as nossas mãos por vocês". Esse gesto tem um alto custo para as duas gerações fomentando o pragmatismo alienante e o cinismo hipócrita próprio daqueles que não se implicam com os custos de seu lugar de sujeitos no mundo. A criança ou o jovem para quem foi abolido o lugar do adulto portador da autoridade, continente de suas angústias e de seu desamparo, mas também pelo qual se poderá realizar a revolta edípica e a conquista da autonomia fica entregue à intensidade sem limites de suas pulsões ou submetida à tirania de seu próprio grupo. A reação a essa pressão tem sido ou o conformismo ou a delinquência juvenil. A "falta de pais" deslizou para a realidade da "falta de paz", tornando concreta a homofonia.

Pós-modernidade?

A noção de pós-modernidade foi popularizada por Jean-François Lyotard (1989), como marca de um tempo a partir do fim do século XIX, quando os grandes projetos da modernidade teriam desaparecido. Mas ele contesta a ênfase no desencanto e na visão pessimista do "estar só" e afirma que essas análises apoiam-se na ilusão paradisíaca de uma sociedade "orgânica" perdida. Apesar de sua insuficiência, o homem pós-moderno não estaria isolado. Ele está inserido, diz Lyotard, numa textura de relações mais complexas e mais móveis do que nunca. E, numa conclusão a meu ver otimista, ele acrescenta que mesmo o mais desfavorecido, nunca está destituído de poder "[...] sobre as mensagens que o atravessam ao posicioná-lo, quer seja no lugar de emissário, no de destinatário ou de referente" (p. 41).

Para ele, a pós-modernidade é marcada pela perda de credibilidade das metanarrativas, mas isso não implica o retorno à barbárie e nem o desaparecimento da função narrativa, mas antes em sua dispersão: "Cada um de nós vive nas encruzilhadas de muitas delas" (p. 12). Essa multiplicidade de jogos de linguagem é positivada ao ampliar a sensibilidade para as diferenças e reforçar a capacidade de suportar o incomensurável. As cenas de nosso cotidiano não confirmam essas possibilidades; a sensibilidade para as diferenças não tem tido como resultado uma tolerância maior, antes pelo contrário, elas são alvo de constantes ataques.

De sua análise, importa-me, porém, destacar o lugar de potência ocupado pela linguagem: *a narrativa é uma possibilidade de laço social que traz consigo a virtualidade da criação e da alegria*. Seu impedimento é antissocial: Cada vez que o emprego da força conduzir a "[...] diz ou faz isto senão não poderás falar entra-se no terror; destrói-se o vínculo social" (p. 95).

Mas seria justificado propor o término da modernidade, marcando, em consequência, uma nova configuração subjetiva? Para alguns críticos dessa ideia, como Giddens, por exemplo, como vimos anteriormente, a modernidade não esgotou seu projeto, pelo contrário, as condições atuais são a expressão aguda de suas marcas.

É nessa vertente que se inscreve o pensamento de Castoriadis (1990) que, em seu estudo sobre o "[...] conformismo generalizado de nossa época", faz, inclusive, uma crítica à própria ideia de modernidade e do movimento que a segue, ressaltando com ironia: "Toda designação é convencional [...] sendo já o próprio termo 'moderno' infeliz [...] o disparate do termo 'pós-moderno' é evidente" (p. 15).

Logo no início de seu livro O *mundo fragmentado: as encruzilhadas do labirinto* (1990), ele nos surpreende com uma advertência: "O mundo, não somente o nosso, está fragmentado. Porém não cai aos pedaços". Dessa afirmação, depreende-se a crítica à ideia de "[...] algo que foi e não é mais" (a modernidade), bem como à autoglorificação de que "[...] o sentido de nossa época é o sem sentido" (pós-modernidade).

Tomando como referência o projeto de autonomia individual e social, Castoriadis propõe uma nova periodização, dando destaque a três momentos históricos:

- a emergência (constituição) do Ocidente do século XII ao começo do século XVIII,
- a época crítica ("moderna") do século XVIII até o fim da II Guerra,
- a retração no conformismo a partir de 1950.

Sua ideia de autonomia em oposição à heteronomia aponta, a meu ver, para a positivação do individualismo, ou seja, para as possibilidades de assunção singular de um lugar desejante. Nos projetos de autonomia inclui a psicanálise, pelo que ela revela da relação entre o sujeito e o seu inconsciente e pela abertura que propicia para que surja a capacidade de criar.

Para ele, na virada decisiva ocorrida entre o século XVIII e o fim da II Guerra, o projeto de autonomia social, política e intelectual radicalizou-se. Foi uma época turbulenta e criativa. Cresceram os movimentos de contestação das formas políticas instituídas e realizaram-se rupturas radicais com o passado. *Nada podia continuar a existir simplesmente porque já existia*; os homens tinham a possibilidade e o direito de encontrarem em si mesmos os princípios norteadores de suas vidas. A crítica expandiu-se para outras áreas tais como a família, a educação, a religião, o estatuto dos jovens, o lugar social das mulheres, a relação entre os sexos. Nas artes e na literatura deu-se uma proliferação incessante de novas produções. Expandiu-se o domínio da Razão e criou-se uma nova realidade socioeconômica, um "fato social total", o capitalismo.

Porém, suas conclusões não são otimistas: O avanço tecnológico pós-industrial possibilitou muitas conquistas, mas elas não se generalizaram na população de forma a tornar possível "[...] para cada um de nós um trabalho pessoal e criativo" (p. 15). Pelo contrário, o que se anuncia com a dita "pós-modernidade" é o declínio da função crítica dos sujeitos e a sua alienação. A autonomia e o espírito crítico, depois dos movimentos dos anos

60 do século XX, parecem tender ao desaparecimento: "[...] a conformidade, a esterilidade e a banalidade, o 'tudo bem' são os traços característicos desse período" (p. 25).

Essa "esterilidade" denunciada por Castoriadis foi abalada pelas tragédias com que se iniciou este século. A autonomia e o espírito crítico continuam ameaçados, mas o terror e o medo crescente têm feito alguma pressão sobre o conformismo. Seus efeitos podem não ter uma abrangência global, mas talvez tenhamos algumas perspectivas de mudança, a partir de múltiplas manifestações locais.

Em outro momento, ao falar sobre poder, política e autonomia, o próprio Castoriadis assinalou a capacidade de autoalteração e autocriação revelada no poder instituinte das sociedades. Suas palavras resgatam o lugar de "inconformismo" do psiquismo humano:

> [...] o ser próprio e irredutível da psique singular se manifesta sempre como sonho, doença 'psíquica', transgressão, litígio e altercação mas também como contribuição singular raramente determinável, nas sociedades tradicionais à hiperlenta alteração dos modos do fazer e do representar sociais. (p. 129)

Resta-nos "esperar", ou melhor, lutar contra a passividade e o conformismo e construir possibilidades para a configuração de mais sonhos do que sintomas e pesadelos, insistindo na potência da autonomia.

Gilles Lipovetsky (2004) também defendeu a ideia da pós-modernidade, mas fez, recentemente, a sua crítica argumentando que esse é um conceito falso, pois nunca estivemos além da modernidade. O que ocorreu, a partir dos anos 1950, foi uma outra modernidade, a hipermodernidade, que se intensificou nos anos 1980, por causa da globalização, do ultraliberalismo e das novas tecnologias de comunicação, a internet, sobretudo:

> A modernidade se pôs em curso há muito tempo, e desde o século XVI já há sinais de seu advento. Mas é a partir do século XVIII que se configuram os elementos constitutivos principais da modernidade, que são essencialmente três: o indivíduo, o mercado e a dinâmica tecnocientífica. Esses três elementos constitutivos da modernidade nunca chegaram a ser destruídos, apenas contestados ou desenvolvidos. Ora, o que podemos observar hoje é a concentração e a radicalização dessas três lógicas. (p. 5)

Para ele, a ideia de hipermoderno, que é um excesso de modernidade, repousa (embora repousa seja aqui um termo absolutamente ambíguo; pois o que parece faltar a esta cultura é justamente a possibilidade de repousar) na rapidez a ideia da velocidade do tempo nunca foi tão perceptível como o é a partir da segunda metade do século XX e na intensidade. Tudo se torna hiper: hipermercado, hiperjovem, hipercapitalismo, hiperpotência, hiperterrorismo, hipertexto...

Ao lado dessa hiperdestruição de limites, há um movimento de busca das tradições, de aproximações a uma moral conservadora, de busca das medicinas e terapias alternativas, *yoga*, meditação, religião, normas controladoras da saúde..., numa tentativa de evasão das situações de risco e de perigo, mas que podem, também, responder a uma tentativa de autonomia diante das "hiper" imposições da cultura.

Mas, como não é possível deixar de ser "filho da época que se vive", isso é feito, geralmente, de forma radical, intensiva e excessiva. A retomada de uma moral conservadora e dos fundamentalismos religiosos que se sobrepõem ao Estado de Direito tem marcado os conflitos violentos de nossa atualidade: "agindo em nome de Deus tudo parece ser justificado".

O grande problema de hipermodernidade é, para Lipovetsky, a fragilização dos indivíduos, o que acarreta uma série de sintomas: suicídio, ansiedade, depressão, medo dos desastres ecológicos, medo da *aids*, medo de envelhecer, medo do desemprego, medo do futuro. Porém, assim como Lyotard, ele também resgata outras possibilidades para o nosso tempo: se assistimos ao desapego à tradição, à falta de perspectivas, de possibilidade de construção de projetos, vivemos, também, a possibilidade de invenção, de abertura para algo novo que poderá surgir a partir do caos.

O que essas análises evidenciam é que o rompimento com a ordem e a segurança da tradição, características das sociedades pré-modernas, deu origem a uma construção subjetiva, chamemo-la de moderna ou pós-moderna; não era minha intenção estabelecer uma decisão a esse respeito que se por um lado, tem garantida a sua possibilidade de acesso à singularidade, à autonomia e ao desejo, por outro lado, está continuamente atravessada pela angústia e pelo mal-estar. Mal-estar que aparece no desamparo, nas incertezas, na insuficiência, na fragilização do eu e dos vínculos coletivos.

Mal-estar que Freud acentuará como uma marca inelutável na constituição do sujeito e da própria cultura. Como efeito da renúncia pulsional, da culpabilidade, da luta constante entre a satisfação de seus ideais narcísicos e os limites impostos pela natureza, da vulnerabilidade de seu corpo e, fundamentalmente, como efeito das relações com os outros. Se o que o homem procura é a felicidade, diz Freud (1930), ele só chega a ela por aproximações substitutivas bastante insatisfatórias e, ao final, o objetivo de sua ação será mais uma busca pela diminuição do desprazer do que a obtenção do prazer.

"Se eu soubesse", diz-me uma jovem adolescente, "qual o caminho a seguir num labirinto, eu não me angustiaria. Ah, se o labirinto fosse de vidro ... E se a escolha que eu fizer não for a certa? Vou perguntar ao meu pai!". E ela me apresenta a figura idealizada de um pai poderoso, todo-saber, mas me convida, também, a percorrer com ela os impasses e as encruzilhadas desse labirinto.

Não há mais regras predefinidas e coletivamente aceitas de como agir bem. O "Pai", na sua função de significante da Lei, anda em falta ou nos ameaça com sua vertente tirânica e despótica. "Deparamo-nos vezes sem número com a dificuldade, o imprevisto, o fracasso e precisamos, constantemente, inventar novas formas de ação e de associação" (R. J. Ribeiro, 2000, p. 216). A conquista de autonomia, de responsabilidade pelo próprio destino, demarca um território que não se atravessa sem angústia[1]. Mas a psicanálise também nos permite afirmar que a angústia abre o espaço da criação e do apelo à presença do outro; cria laços.

As reações coletivas que se têm constituído como forma de protesto e de solidariedade às vítimas da violência e a implantação de instâncias que coíbam o abuso dos dispositivos institucionais legítimos são um resgate possível dos laços sociais e da justiça; uma tentativa de lidar com o desamparo e recriar o poder de ação e de discurso dos homens comuns. Para que elas sejam possíveis é necessária uma outra ultrapassagem: a da posição narcísica e dos efeitos nefastos do individualismo.

Narcisismo e individualismo

Narciso procurou um lugar virgem, terra onde nenhum outro habitante pisara. Embevecido com a própria imagem,

[1] Birman (2003) assinala a necessária transformação da angústia que atravessa o sujeito moderno em sua condição de desamparo, angústia real em angústia do desejo que o mobiliza para um trabalho de domínio e ligação das intensidades pulsionais. A posição masoquista seria uma tentativa de evitação da angústia real; de repulsa do sujeito ao desamparo. "O desamparo produzido implacavelmente pela modernidade, pela ruptura com as referências da sociedade tradicional, teve como um dos efeitos mais devastadores a produção de individualidades homogeneizadas permeadas pelo masoquismo" (p. 48). Outro destino para o desamparo, que se vincula estreitamente ao masoquismo, é o da figuração perversa.

não tinha olhos nem ouvidos para fora de si. Fosse o mais belo jovem que por ele se apaixonasse, fosse o doce som de Eco que o chamasse, nada o desviou do encanto refletido no espelho das águas sedutoras. O mesmo encanto via-se no olhar dos outros. Quanto menos ele respondia, mais era admirado.

Eco o persegue e suplica seu olhar e sua resposta. Mas só para si ele olha. Só a si ele busca. Apaixonado, ensimesmado, busca em sua dor um outro que em sendo ele mesmo, não lhe responde. Atravessado pelo poder da profecia realiza seu destino trágico: mergulha no espelho e desaparece no encontro impossível. Sem o outro, seu corpo é pura miragem; desfaz-se nas águas.

E Eco que só a Narciso perseguia, só por ele clamava, só nele vivia, petrifica-se e perde o poder da palavra própria. Alienada na miragem idealizada do outro, dessubjetiva-se. Repete infinitamente tudo que escuta.

Narciso não faz laço; não partilha seu encanto. Não faz encontro. Perde-se na imagem de si. Eco destitui-se, perde-se no desencontro, entrega-se à repetição compulsiva ao não poder separar-se da alienação a Narciso.

Narcisismo, individualismo e alienação são traços significativos de nossa cultura. O espelho tornou-se o grande objeto de consumo; sem ele não nos reconhecemos. Seduzidos por ele não nos encontramos. A imagem nos escapa como o líquido proposto por Bauman para descrever a modernidade, e por isso estamos sempre à sua procura.

E é tanta a insistência na necessidade desse olhar que o olhar que, no início da era moderna, se dirigia ao desviante, estendeu-se para o campo social confundindo-se com o registro da existência. Vemos, lentamente, transformar-se esse olhar que negativizava e excluía; apontava as falhas, as doenças, os sintomas, num olhar que positiva; inclui, torna útil, dá a reconhecer, destaca. O panóptico de Bentham[2], descrito por Foucault como modelo de vigilância e controle, encontra nas câmeras modernas sua excelência; o indivíduo pode ser visto e observado em todos seus atos, nos supermercados, nos *shoppings*, nos elevadores... A subjetividade atual assumiu "[...] uma configuração decididamente estetizante, em que o olhar do outro no campo social e mediático passa a ocupar uma posição estratégica em sua economia psíquica". Exterioridade e autocentramento são os traços marcantes de sua construção (Birman, 2003, p. 23).

Às voltas com a angústia de responder aos ideais de reconhecimento, o indivíduo solicita permanentemente um lugar-olhar de prestígio. Lugar do Um. Sempre de risco, pois

> [...] os próprios olhos, de cada um de nós, padecem viciação de origem, defeitos com que cresceram e a que se afizeram, mais e mais [...] os olhos são a porta do engano [...] Sim, são para se ter medo, os espelhos [...] porque, neles, às vezes, em lugar de nossa imagem, assombra-nos alguma outra e

---

[2] O *Panopticon*, de Jeremy Bentham, foi apresentado no fim do século XVIII. Bentham afirmou que sua invenção era a grande inovação para exercer o poder, e Foucault a celebrou como "um acontecimento na história do espírito humano", mas analisou, com profundidade, a violência implicada na vigilância total.

> medonha visão [...] E o julgamento-problema, podendo sobrevir com a simples pergunta: "*Você chegou a existir?*" (Guimarães Rosa, 2001, p. 119-128)

O narcisismo é indissociável de uma tendência histórica que conduz os indivíduos a reduzir a carga emocional investida no espaço público aumentando correlativamente as prioridades da esfera privada (Lipovetsky, 1986). Neste sentido narcisismo e individualismo estão intimamente imbricados. Os agrupamentos sociais não deixam de existir, mas eles se tornam miniaturizados e constituídos por iguais: grupos de mulheres, de homossexuais, de alcoólicos, de mães, de bulímicos, de anoréxicos, de jogadores... Nessa homogeneização as diferenças tornam-se cada vez mais insuportáveis.

O discurso narcísico, presente no social, cria a ilusão fascinante de uma totalidade sem faltas e é essa promessa que convoca à incessante procura de objetos-engodo. Fonte de grande atração, sua dinâmica reproduz a do hipnotizado com relação ao hipnotizador. Em 1914, Freud enunciou esse poder:

> O atrativo da criança reside em boa parte em seu narcisismo, em sua complacência consigo mesma e em sua inacessibilidade [...] É assim também com o criminoso famoso e com o humorista que despertam nosso interesse pela consistência narcísica com que sabem afastar de si tudo que possa diminuir seu ego. É como se os invejássemos por conservar um estado psíquico especial, uma posição libidinal inexpugnável

a cujo abandono tivemos que nos resignar há muito tempo. (p. 86)

Sem crítica, submetido à aprovação do objeto, o sujeito entrega-se ao que este lhe demandar. Aliena-se no outro; torna--se Eco. Certos atos violentos, cometidos por "amor", podem ser entendidos à luz dessa sujeição e docilidade.

A alienação no outro "amado apaixonadamente"[3], diz Piera Aulagnier (1985), é uma tentativa de fuga do conflito, da dúvida, de "esperança louca" de que o risco, a insegurança e o sofrimento psíquico desapareçam. "Esperança tanto mais louca à medida que o objeto que leva a crer em tal realização só se torna tal porque traz em si um risco de morte efetivo" (p. 13). O objeto, que poderia ser fonte de prazer, transforma--se em objeto de necessidade.

Narciso recusa tudo que não é espelho. Deforma-se para poder encontrar uma imagem que o aprove ou estilhaça o espelho tentando abolir o que ele lhe mostra como referência. É nesse movimento que sua vertente odiosa tende a exacerbar-se e manifestar-se em atos de violência contra o outro diferente de mim, excludente, perseguidor...

[3] Objeto que pode estar representado pela droga, pelo jogo, pelo objeto amado, por uma teoria, um grupo, um líder, uma causa, uma religião, um sistema político... Os objetos variam, mas o que está sempre presente é a extrema idealização atribuída à força alienante. "A história nos revela em que forças se apoiam todos os sistemas de poder, apesar de suas diferenças, cada vez que sua preservação exige de maneira excessiva a idealização daqueles que o exercem e a submissão incondicional dos sujeitos"(p. 45). E Piera Aulagnier descreve a delação e a confissão como dois suportes essenciais para esse poder.

> A palavra preconceito designa, de forma muito atenuada, o primarismo destrutivo que constitui as camadas mais arcaicas da estrutura narcísica do eu; sempre pronto a emergir em fenômenos coletivos em que a violência mais extremada poderá ser exercida contra alguém, contra uma categoria de pessoas ou contra um povo inteiro. (Menezes, 2001, p. 183)

"A intolerância e o fanatismo revelam a vigência do infantilismo [narcísico] e sua crueldade mais primária: se julgo algo mau, elimino-o, junto com seus vizinhos" (Amós Oz, 2004).

O isolamento narcísico, outra forma de defesa diante das irrealizações ideais e às solicitações angustiantes da vida, pode tornar-se mortífero. O horror de fora é incorporado e se constitui numa ameaça de demolição para o eu. O sujeito corre o risco de encerrar-se na depressão melancólica ou, numa tentativa de reencontro com o objeto, deixar-se conduzir pela impulsividade que atua como crueldade.

"Abandonado a si próprio, em sua solidão, o sujeito subjugado pelo forte entrelaçamento de pulsão de vida e de destrutividade só terá a si próprio ou aos que lhe são próximos para esse perigoso exercício" (Zygouris, 1999, p. 25).

Assim, os excessos no investimento narcísico podem ser entendidos não só como uma resposta às demandas ideais da cultura, como uma busca incessante e totalizante de gozo, mas também como uma forma de enfrentar o medo do sofrimento, da solidão e da morte que tanto assombram o homem moderno:

> O capitalismo moderno obrigou o indivíduo a adotar uma estratégia de sobrevivência narcísica que pouco tem a ver com o prazer e muito a ver com a dor. O indivíduo moderno é um indivíduo *violentado*, antes de ser *narcisista*. É essa violência que explica seu narcisismo e as aparências patológicas que assume. Seu corpo e seu sexo monopolizam a libido objetal porque, como o "órgão lesado" ou "hipocondríaco" de Freud, tornaram-se fontes de sofrimento, dor e ameaça de morte para o *eu*. (Costa, 1984, p. 169)

Antes da modernidade, como já assinalamos anteriormente, os vínculos da comunidade eram fontes de segurança para o sujeito embora ele estivesse submetido às determinações que ela estabelecia; não havia território possível para as singularidades e para a liberdade pessoal. Nas sociedades modernas, a partir do Renascimento italiano, e mais acentuadamente com o desenvolvimento do capitalismo, o individualismo vai se constituir, gradualmente, como um valor supremo. Doravante, os indivíduos estarão sós. "Sós e nostálgicos de uma comunhão verdadeiramente autêntica com o outro" (Tanis, 2003, p. 54). Aspiração mítica; para sempre irrecuperável.

Violência, individualismo e narcisismo entrecruzam-se sem que se possa mais definir, com legitimidade, qual é o fio da causalidade.

Renúncia pulsional e processo civilizatório

A vida política é também uma aventura de amor e ódio[4].

> O resultado final do progresso cultural deve ser um estado de Direito para o qual todos tenham contribuído com o sacrifício de suas pulsões que funcione como garantia de que ninguém se torne vítima da violência bruta. (Freud, 1930, p. 94)

Com essa afirmação, Freud enuncia o antagonismo inelutável entre a vida pulsional e a cultura[5], uma convicção presente em vários momentos de sua obra. Em 1893, ao discorrer *Sobre o mecanismo psíquico dos fenômenos histéricos*, ele já contestava a eficácia da ação impulsiva como resposta ao trauma psíquico, citando uma frase de Hughlings Jackson: "O primeiro homem,

[4] Nicole Louraux.

[5] Freud não faz uma distinção entre cultura e civilização. Para ele, a cultura "[...] engloba todo o conhecimento e o saber adquirido pelos homens com o objetivo de dominar as forças da natureza e assim obter os bens necessários à satisfação de suas necessidades, e de outro lado, todos os dispositivos necessários à regulamentação das relações dos homens entre eles e em particular a repartição dos bens acessíveis" (1927). No entanto, Jacques Le Rider, em seu texto "Cultivar o mal-estar ou civilizar a cultura?" (2002), aponta para o fato de que a indiscriminação dos termos é uma questão polêmica e discute os vários sentidos dados por outros autores e em diferentes nacionalidades. Lembra também que essa discussão era bastante presente já à época da I Guerra Mundial, e que os contemporâneos de Freud julgavam as duas noções irreconciliáveis. Os conflitos na escolha de suas acepções estavam ligados, muitas vezes, aos conflitos nacionalistas entre ingleses, franceses e alemães. Ao término de seu texto, propõe que se reaprenda a "diferença talvez necessária e desejável entre 'cultura' e 'civilização'" (p. 142).

que ao invés de lançar uma flecha ao inimigo lhe lançou um insulto, foi o fundador da civilização" (p. 37). E no manuscrito N, de 31 de maio de 1897, afirmava que o incesto é antissocial[6] e que é necessária sua renúncia para que surja a cultura.

É em *Totem e tabu* (1913) que seu mito do assassinato do pai da horda primitiva e da instauração do interdito do incesto é descrito como momento inaugural da cultura. Freud faz uma diferenciação entre a interdição do fratricídio e a do parricídio. A primeira é efeito de um contrato: logo depois de realizado o objetivo de sua união, o de matarem o pai e acabarem com seu poder absoluto, os filhos começaram a lutar entre si para ocupar o lugar do pai morto. A fim de impedir a dizimação total, renunciaram às mulheres por quem haviam cometido o assassinato e instituíram a interdição do fratricídio. O assassinato do pai, no qual foi atuado o ódio por ele, liberou a corrente afetiva proveniente do laço de amor que também os unia. É a nostalgia pelo pai, pai ideal e todo-saber que funcionava como garantia do mundo e a culpabilidade pelo ato cometido, que faz com que os filhos o transformem em totem. O pai morto adquiriu, assim, um poder muito maior do que aquele que possuía em vida; instaurou-se como Lei simbólica.

Os laços de amor sustentarão a união do grupo e a idealização do pai protetor, aparecendo logo depois como laço

---

[6] Para Lévi-Strauss, a proibição do incesto não é tanto uma regra que proíba casar com a mãe, com a irmã ou com a filha, mas, sobretudo, uma regra que obriga a ceder a outros a mãe, a irmã ou a filha. É uma regra do dom por excelência e, portanto, de abertura para a cultura.

religioso. O ódio pelo pai persistirá inconsciente, atormentando para sempre o sujeito humano, por meio da face horrível e obscena do supereu, herdeira da imago do pai terrível e vingador. A culpa "[...] é o lugar onde o amor e o ódio se intrincam indissociavelmente" (Rey-Flaud, 2002, p. 51), o que a faz "o motor da cultura".

É nesse ato simbólico de poder significar os efeitos da morte do pai e instituí-lo, por intermédio do totem, como referência para a coletividade, que três interdições inaugurais se entrecruzam: a proibição do incesto, do canibalismo (presente na devoração do pai morto; no banquete totêmico) e do *prazer de matar*.

Se o desejo do incesto continua manifestando sua intensidade pela força da proibição, e o canibalismo parece proscrito em todas as partes, o prazer de matar, diz Freud (1927), "[...] segue sendo praticado e, em certas condições, até mesmo ordenado em nossa cultura" (p. 11). Hoje, constatamos que mais do que ordenado, ele tem sido fortemente "estimulado" como estratégia "política", como forma de domínio sobre o outro em várias condições sociais, como resposta presente em várias manifestações da mídia, novelas, folhetins, filmes para a resolução imediata dos conflitos econômicos e amorosos e para o enfrentamento das diferenças. A intolerância radicaliza-se na crueldade da demanda impulsiva dos imperativos narcísicos: "O que se interpuser a mim e às minhas vontades, eu elimino" e é reveladora do fracasso dessa renúncia e dos dispositivos do Direito que a assegurariam.

Esse fracasso assinala, pelo negativo, a existência necessária de um contrato social que legitime as ações dos homens entre si e funcione como garantia de segurança, como uma compensação possível para o mal-estar resultante da renúncia à satisfação imediata das pulsões. "A primeira forma de organização social nasceu com a *renúncia pulsional*, o reconhecimento das *obrigações mútuas* e o surgimento de certas *instituições*, que se declararam invioláveis (sagradas)" (Freud, 1939, p. 79). A justiça e o direito funcionariam, então, como requisito cultural imprescindível; como garantia de que não se priorizará o favorecimento de uns em detrimento da ordem coletivamente definida.

Quando Freud se refere às primeiras conquistas culturais dá um destaque especial à conquista do fogo. Na descrição dessa conquista explicita-se a ideia de renúncia pulsional e os ganhos decorrentes para a cultura:

> A extinção do fogo pela urina, como o fazem os modernos gigantes Gulliver, em Lilliput e Gargantúa de Rabelais era como um ato sexual com um varão; um gozo da potência viril na competição homossexual. Quem primeiro renunciou a este prazer e guardou o fogo pôde levá-lo consigo e submetê-lo a seus serviços. Por haver refreado o fogo de sua própria excitação, pôde refrear a força natural do fogo. Assim, esta grande conquista cultural foi o prêmio pela renúncia do pulsional. (1930, p. 89)

Mas, diz Freud (1933a), apesar de todo orgulho que "[...] nos inspiram nossas conquistas culturais, temos confessado que não é fácil cumprir esses requerimentos da cultura e sentirmo-nos bem dentro dela, porque as limitações pulsionais representam para nós uma pesada carga psíquica" (p. 102). O limite à agressividade "traço indestrutível da natureza humana" é o primeiro sacrifício, e talvez o mais duro, que a sociedade pede ao indivíduo.

> Temos verificado a maneira engenhosa em que se consuma esse domínio a instituição do supereu que atrai para si as perigosas moções agressivas e estabelece, por assim dizer, uma guarnição militar nos lugares inclinados à revolta [...] É preciso confessar que o eu não se sente bem quando se sacrifica às tendências destrutivas da agressão que de bom grado teria dirigido contra os outros. (p. 103)

Tudo que é reprimido insiste em retornar e, para além disso, da cólera e da violência há sempre um resto impossível de simbolizar. Tensão constante; mal-estar inevitável.

Em uma fina descrição da estátua de Moisés, de Michelângelo, Freud já em 1914 assinalava o vigor e a força necessários para realizar essa contenção: No esforço para sustentar as Tábuas da lei, e evitar a reação violenta que a adoração do bezerro de ouro lhe despertou, Moisés renunciou à manifestação de seu afeto de cólera e violência, perseverando como guardião da lei. Michelângelo, diz Freud, introduziu na figura de Moisés

> [...] algo novo, sobre-humano, e seu imponente volume físico e o vigor de sua desafiante musculatura se convertem no meio de expressão corporal para a suprema conquista psíquica acessível a um ser humano: sujeitar sua paixão em benefício de um ideal e subordinar-se a ele. (1914a, p. 238)

Essa renúncia, conclui Freud, marca a ética necessária para a cultura.

Em *A moral sexual "cultural" e a nervosidade moderna* (1908), ele já insistia na ideia de que a luta contra a sexualidade e contra a "inclinação à dureza e à crueldade" podem esgotar todas as energias possíveis e enfraquecer o esforço necessário para a conquista da participação na sociedade. Mas, quando as condições permitem a "domesticação" dessas forças ou sua substituição em metas diferentes, elas trabalham em favor do eu para satisfação de suas necessidades vitais e para o domínio das forças da natureza. Esta "domesticação", no entanto, nunca é conclusiva.

Se, nesse momento de sua obra, Freud supunha ser possível uma harmonia entre as forças pulsionais e as demandas da cultura, o reconhecimento posterior do desamparo como condição estruturante do sujeito humano e a pressão constante da pulsão de morte acentuarão o conflito inesgotável entre o indivíduo e a cultura. Não há possibilidade de equilíbrio, mas antes "gestão contínua" desse conflito (Birman, 2003).

Freud faz, também, nesse mesmo texto, uma crítica às ideias ou valores totalitários que impedem o reconhecimento das diferenças, dando origem a preconceitos e intolerâncias cruéis:

> Uma das mais evidentes injustiças sociais é a de que o *standard* cultural exija de todas as pessoas a mesma conduta sexual, o que sendo fácil de cumprir para aqueles cuja constituição o permite, impõe a outros os mais graves sacrifícios psíquicos. (p. 172)

Em outros momentos de sua obra, especialmente no *Futuro de uma ilusão* (1927) e no *Mal-estar na cultura* (1930), enfatizará a impossibilidade de se criar um parâmetro único para a forma de se estar no mundo, e criticará o totalitarismo de uma cosmovisão dada pela religião ou por um ideal político que estabeleça a unicidade, abolindo as diferenças, impedindo o pensamento e instalando a violência entre os homens, principalmente contra os grupos que se mantêm à margem do pensamento proposto e autorizado.

Ao término do texto de 1908, é o efeito violento da desfusão das pulsões que será antecipado: "Ao limitar a atividade sexual de um povo, se aumenta em geral a angústia vital e o medo à morte" (p. 181), fatores que suprimem a capacidade individual de obter prazer e diminuem sua participação na construção coletiva do futuro. Sua hipótese posterior sobre as pulsões de morte e sua mescla com as pulsões de vida deixarão em evidência o efeito dessa desfusão: quando desaparecem os ganhos culturais, os laços sociais, o amor e a ternura que une os homens entre si, a pulsão de destruição encontra maior espaço para sua manifestação, convertendo-se em violência.

> Quando a pulsão de morte toma a dianteira de Eros, ela transforma a sexualidade em manifestação perversa e neurótica (sadismo, masoquismo, etc.). Mas persiste essa constatação absolutamente decisiva: é seguramente a interação das duas pulsões que cria e sustenta a "civilização". (Raulet, 2002, p. 80)

É na mesma direção, também como efeito de uma quebra no "equilíbrio" conquistado, que o clássico texto de Hélio Pellegrino, *Pacto edípico e pacto social* (1983), analisa o ressurgimento da lei de Talião. O que ele enfatiza é o excesso de renúncia pulsional, demandado pela cultura, em função de um pacto social injusto e excludente. Todo pacto, diz ele, implica uma troca. No pacto edípico, a criança renuncia a seus desejos, mas recebe o direito a uma filiação e o acesso à ordem do simbólico, legitimando seu lugar no circuito do intercâmbio social. Esse primeiro pacto garante e sustenta a possibilidade do segundo, o pacto social que também implica direitos e deveres. Se esses direitos são aviltados e desrespeitados, ele pode romper-se gerando consequências gravíssimas. Se houver desprezo e agressão por parte da sociedade, a resposta mais frequente é a que anula o benefício da renúncia, fragiliza o pacto com a lei do pai e rompe as barreiras que se interpunham aos impulsos delinquenciais e antissociais, gerando um surto crescente de violência.

Ao descrever o narcisismo dos tempos sombrios, Jurandir Freire Costa (1988) complementa essa análise: o desaparecimento do ideal coletivo

> [...] que poderia oferecer ao sujeito a ilusão estruturante de um futuro passível de ser investido, dá lugar ao surgimento da figura do 'fora-da-lei', como imagem ego-ideal. O delinquente é a forma que o *homem supérfluo*[7] encontra de sobreviver socialmente na cultura da violência. (p. 133)

A violência é, então, alimentada por duas vias: de um lado esgarçamento dos dispositivos de controle pulsional, de garantia da lei como instrumento de proteção e segurança, de manutenção de condições dignas de vida, de falta de dispositivos que favoreçam o laço social de outro, oferta de um modelo identificatório pautado pela violência e pelo gozo imediato. Forma-se um moto contínuo no qual cada ato de violência produz, como consequência, mais violência.

Mas há outra possibilidade, a transformação da realidade. Para isso, seria necessário retomar os laços sociais e insistir na sustentação de um outro discurso e uma outra prática que restaurasse o valor do espaço público e criasse dispositivos de inclusão social, mesmo sabendo que os acordos são sempre

[7] Ser supérfluo significa, segundo Hannah Arendt, não pertencer ao mundo de forma alguma. A violência funcionaria, pelo menos momentaneamente, como uma forma de afirmação da existência.

instáveis[8]. O homem, dizia Hannah Arendt (1983), pela ação e pelo discurso, é capaz do inesperado; é capaz de realizar o infinitamente improvável. Os fatos recentes deixam, ainda, esta esperança?

Que destino será dado a esta geração que convive com o terror, vê seus próximos sendo dizimados, é ameaçada pela morte a qualquer momento e tem restringida sua possibilidade de descobrir o mundo, circulando por ele? Como investir um projeto, uma ideia de futuro mesmo próximo, quando tudo parece indicar que ele não será vivido?

Ao menino que chora em sua carteira escolar após os assassinatos na escola de Beslan, na Ossétia do Norte, quem e o que lhe dizer de sua dor? À mãe que vela terna e agonicamente sua filha morta por essa mesma violência, resta alguma possibilidade de consolo? Haverá laços suficientes que os ajudem a sair da dor das representações nefastas para transformá-las em algo criativo?

Felizmente, essas situações não são lineares; não se conjugam como causa e efeito. Não têm seu caminho previamente estabelecido... As respostas são imprevisíveis... e não são definitivas. O traumático assume esse caráter no psiquismo pelo destino de vida, enlace, ou de morte, estase que será dado à experiência vivida.

---

[8] "Ainda que Freud confie no pacto simbólico dos homens, instaurado fundamentalmente para preservar a paz e o laço social, não deixa de reconhecer que um dos saldos irreparáveis do mal-estar na civilização é a inconsistência de todo pacto simbólico que faz os homens condescenderem do acordo em torno da lei para o desacordo em torno da violência" (Gerez-Ambertín, 2003, p. 181).

A pergunta que Freud acrescentou, em 1931, ao fim do texto sobre o Mal-estar na cultura, continua sem resposta: "Agora cabe esperar que o outro dos 'poderes celestiais', o Eros eterno, faça um esforço para destacar-se na luta contra seu inimigo igualmente imortal. Porém quem pode prever o desenlace?" (p. 140).

O sentimento de culpa: guardião da cultura?

"A exigência de renunciar ao pulsional provoca hostilidades e prazer de agredir que só numa fase posterior do desenvolvimento psíquico se transformam em sentimento de culpa" (Freud, 1932, p. 175). O sentimento de culpa torna-se, então, o fator mais importante do desenvolvimento cultural; o guardião da cultura.

Há em Freud, como vimos anteriormente, um forte acento sobre o lugar da renúncia e da culpabilidade. Há uma intensidade pulsional que está sempre coagindo o psiquismo e para a qual, a fim de se manter *a sobrevivência e o amor dos objetos*, é necessário dar um destino. É assim na estruturação edípica do indivíduo que deixa como herdeiro o supereu, e na sustentação da cultura para a qual Freud chega a propor um supereu coletivo, construído sob o modelo dos grandes homens e responsável pelos ideais e pelas exigências e sanções. Essa substituição do poder do indivíduo pelo poder da comunidade é considerada por Freud como o valor máximo da cultura.

Culpa, sexualidade e castigo estarão presentes em todo percurso da obra freudiana: no estudo das manifestações clínicas, na formação do caráter, na estruturação do aparelho psíquico, nos dispositivos da cura, resistências, reação terapêutica negativa, na construção do mito da origem da cultura parricídio e proibição do incesto e em suas derivações ideais.

A "função pacificante" do ideal de eu e sua conexão com a normatividade na cultura, ligada desde a origem da história à imago do pai e à *culpabilidade*, também foi destacada por Lacan (1948). É pela identificação edípica, identificação ao pai morto, que o sujeito transcende a agressividade constitutiva de sua identificação narcísica original[9] e se transforma num sujeito ético.

A culpabilidade tem, portanto, uma função estruturante: ela é a possibilidade de autonomia do sujeito e de sustentação da cultura. Ela é efeito da "intrincação indissociável do amor e do ódio", marca da fusão pulsional entre Eros e Tânatos. Assim sendo, uma situação no sujeito ou na cultura que abolisse a culpabilidade, implicaria os efeitos da desfusão pulsional; na

---

[9] Lacan, apoiado em seu estudo sobre a paranoia, marcou de forma incisiva o quanto a agressividade está subjacente à relação do homem com seus semelhantes. Em seu texto psicanalítico inaugural "O estádio do espelho como formador da função do eu, tal como nos é revelado na experiência psicanalítica" (1936-1949), descreve o júbilo vivido pelo infans diante de sua imagem no espelho, num momento em que seu desenvolvimento neuromotor ainda não é capaz de configurar uma *gestalt*, revelando-se, nessa experiência, a constituição antecipatória do eu por meio da imagem oferecida pelo olhar do outro. O risco de se "perder nesse outro" e o horror do retorno das imagens do corpo fragmentado trazem, como corolário inevitável de sua humanização, a agressividade. Essa agressividade está sempre pronta a ser descarregada nos momentos em que a estabilidade do eu seja ameaçada.

perda do enlace erótico, o psiquismo ficaria entregue à descarga da fúria sem controle e à atuação da crueldade impiedosa.

"Com o início das relações sociais, a angústia frente ao supereu, a consciência moral, adquire um caráter necessário e a ausência desse fator passa a ser fonte de graves conflitos e perigos" (Freud, 1926, p. 138).

A satisfação irrestrita é, para os homens, uma via bastante tentadora, pois a sensação de felicidade provocada pela satisfação de uma pulsão não dominada é muito mais intensa do que a obtida pela satisfação de uma pulsão dominada, porém isso implicaria "antepor o gozo à precaução o que acaba por receber seu castigo" (1930, p. 77). Impõe-se, então, a renúncia.

A renúncia possibilita uma recompensa narcísica, um aumento na autoestima decorrente do reconhecimento e amor da instância paterna idealizada, configurada no ideal de eu, uma das faces do supereu. Recompensa incerta já que na aliança com o pai amado, idealizado, a culpa inesperadamente torna-se temor e pode resvalar para a oferta sacrificial e para o aniquilamento masoquista.

A agressão interiorizada proveniente da identificação com a severidade parental e com a própria agressão se contrapõe ao eu, como consciência moral, outra das faces do supereu, e, paradoxalmente, quanto maior for a intensidade da contenção da sexualidade ou da agressão, maior será a severidade do julgamento e o sofrimento do sujeito. Para o supereu não importa se o mal foi realmente praticado ou se simplesmente foi desejado; em seu tribunal as intenções são prova de culpabilidade. Cada um foi um dia, diz Freud numa carta a Fliess, em 15.10.1897, um Édipo em potencial na fantasia, e recua horrorizado, diante da realização de desejos, representada nessa tragédia. "Sua consciência moral é seu sentimento inconsciente de culpa".

Assim a cultura domina o "[...] perigoso gosto agressivo do indivíduo debilitando-o, desarmando-o, e vigiando-o mediante uma instância situada em seu interior, como se fosse uma guarnição militar na cidade conquistada" (1930, p. 120). Mas a renúncia não é suficiente, pois as forças agora represadas tendem a romper as grades da cidadela sitiada. Escapam como mal-estar. Travestem-se em angústia diante do risco de perda de amor, necessidade de castigo, aniquilamento, culpabilidade.

A princípio, diz Freud (1930, cap. VII), não podemos distinguir o bem e o mal; é o outro que nos dá as indicações dessa diferenciação. E é a angústia perante o risco de perda de seu amor que nos sinalizará a prática do mal. "Transformada em sentimento de culpa, a angústia frente à perda de amor e tudo o que podemos colocar sob essa rubrica vem como proteção ao desamparo. A culpa é, pois, uma proteção frente à angústia" (Peres, 2001, p. 185).

Angústia decorrente do perigo de castigo pelo "mal" desejado e, também, decorrente do desamparo provocado pelo desaparecimento do pai protetor. A culpa é, neste segundo sentido, uma forma encobridora dos efeitos do desamparo. O risco de ultrapassar os pais, analisado por Freud em *Alguns tipos de caráter elucidados pelo trabalho psicanalítico, III – os que fracassam quando triunfam* (1916), e em seu escrito autobiográfico, ao fim da vida, em 1936, *Uma perturbação da memória na Acrópole*, não remete apenas à rivalidade com eles mas, fundamentalmente, *a um luto a ser feito, à falta de sua presença, ao terror do desamparo, passagem necessária para a assunção do desejo.*

Se a culpabilidade é um motor para as realizações da cultura, ela pode ser, também, motivo de tormento e paralisia como se vê, acentuadamente, na neurose obsessiva e na melancolia, em que o supereu predomina como instância feroz, severa e exigente. Ela pode estar a serviço da manutenção de um Outro ideal, sem fraturas, e alimentando o lugar do ressentimento pelo não recebido, ou da insuficiência pelo não realizado.

Mas a culpa nem sempre ocupou esse lugar central na organização cultural. Freud faz uma referência a isso citando o comportamento dos povos primitivos: quando lhes ocorre uma desgraça eles não se sentem culpados; culpam ao fetiche que fracassou em sua função e o maltratam em vez de maltratar a si próprios. A culpa não é encerrada morbidamente no indivíduo, mas partilhada e expiada pelos rituais da coletividade. Dodds, citado por Jurandir Freire Costa (1989), também demarca um momento histórico no qual a culpabilidade ganha prevalência. Ele descreve a passagem de uma "cultura da vergonha" para uma "cultura da culpa". "O maior bem do herói homérico não era o prazer de uma consciência tranquila, mas o prazer da *timê*, a consideração pública e sua maior força moral não era o receio de Deus, mas o respeito pela opinião pública" (p. 21). O acento, nessa concepção, estava na valorização do espaço público ao passo que uma cultura da culpa apoia-se no individualismo e no culto da intimidade, no espaço privado; espaço fértil para as experiências de desamparo, de isolamento, e de ideais narcísicos.

O não cumprimento desses ideais, o que, aliás, é impossível visto que há sempre algo ou alguém mais brilhante, "precipita os sujeitos num permanente estado de culpa e ou de dívida" (p. 27); num estado desgastante de insuficiência que facilmente se rende à oferta de uma figura ilusória de totalidade e de autoritarismo. Culpado e insuficiente, trancafiado em seu mundo privado, alijado de práticas coletivas que poderiam ajudá-lo a dirimir os efeitos devastadores da culpabilidade, o homem ocidental moderno assiste, impotente, à expansão de seu desamparo.

Retomemos a frase de Freud com que iniciamos esta discussão: "A exigência de renunciar ao pulsional provoca hostilidades e prazer de agredir que só numa fase posterior do desenvolvimento psíquico se transformam em sentimento de culpa" e aproximemo-la de outra na qual, Freud, numa nota de rodapé, comenta a ideia de que não é só a pressão da cultura que provoca ressentimentos pela exigência de renúncia pulsional; haveria algo na própria sexualidade que impediria a satisfação plena e pressionaria pela escolha de outros caminhos. Nessa nota de rodapé, entre outros comentários, Freud afirma que "[...] o vínculo erótico, além dos componentes sádicos que lhe são próprios, traz acoplado, com bastante frequência, um montante de inclinação à agressão direta". Nem sempre, ironiza Freud, o objeto de amor terá "[...] tanta compreensão e tolerância como aquela campesina que se queixava de que seu marido já não a queria, pois fazia uma semana que não lhe batia" (1930, p. 103).

Haveria, assim, um ato necessário ou, como o faz supor Freud "[...] um tempo posterior do desenvolvimento psíquico", em que essa inclinação direta à agressão, na qual o prazer de agredir precisa encontrar outros destinos. Se isso não acontece, a culpabilidade não chega a se constituir como guardiã da cultura; o prazer da agressão direta não é desviado e se mantém como meta de satisfação. A compaixão não se institui, num tempo posterior, como conquista psíquica. Não se trata aqui de uma quebra injusta do contrato edípico ou do contrato social, como analisa Pellegrino, mas, antes, de algo que não se realiza.

Isso aponta para o fracasso na mediação, sempre necessária, de um outro que possibilite um trabalho de ligação e simbolização[10]. Para o fracasso da vertente do amor que também está na origem do sentimento de culpa. "Faltam palavras enquanto o ódio não consegue ligar-se ao erotismo ou ao amor", diz Roland Gori. Sobram atos? "Quando a culpabilidade avança, o ódio permanece na proximidade do amor" (Gori, 2004, p. 99). E, então, pode-se falar dele! A culpabilidade seria, assim,

[10] À medida que a pulsão é uma força constante, a mediação do outro faz-se necessária não só na origem de sua constituição, mas durante toda a existência do sujeito. Veja-se "Os discursos freudianos sobre o social" (Birman, 2003, p. 123-145). Winnicott (1966) atribui a ausência do sentimento de culpa ao fracasso do ambiente, representado inicialmente pela "confiabilidade" da figura materna, que torna vão o esforço construtivo, impedindo a integração e o desenvolvimento da responsabilidade por qualquer coisa.

marca do registro desse encontro, amor e ódio, e possibilidade de construção de projetos.

Na tentativa de evasão ao desamparo, à perda da garantia de amor, ao não enfrentamento da culpabilidade constituinte do espaço simbólico, teríamos uma abertura para pensar as delinquências e os atos violentos de extremo sadismo. O prazer resultante da violência exercida adviria da satisfação pulsional irrestrita, e da garantia de superioridade e integração que o sujeito parece adquirir diante do domínio exercido sobre o outro, preservando desta forma seu narcisismo e uma "suposta autonomia".

Se vivemos numa cultura em que a preservação do narcisismo tornou-se valor de sobrevivência, o outro desaparece como valor simbólico; sua presença é ameaçadora ou necessária apenas para sustentação da imagem narcísica. Seus efeitos trazem como destino para o sujeito a prevalência de duas vias sintomáticas: a atuação compulsiva, sem consideração pelo outro, sem compaixão via da violência perversa ou a do sofrimento resultante da culpabilidade mórbida pela destrutividade internalizada, contida pela insuficiência, pela insatisfação consigo próprio via da apatia, do masoquismo e da depressão. Não é gratuito que esses sejam os sintomas mais evidentes em nossa cultura; eles nos confrontam justamente com aquilo que se pretenderia evitar: o desamparo e a morte.

A ausência da culpabilidade pode, portanto, ser pensada como uma das marcas possíveis da subjetividade moderna, reconhecível na análise tão precisa de Hannah Arendt a respeito da "banalização do mal" e que nos fala da existência de um homem funcional, que simplesmente age, burocrata, cumpridor de ordens. Ou na descrição de Philippe Julien para quem esta ausência de culpabilidade na sociedade atual, "[...] se manifesta através de uma disjunção que o sujeito opera entre a função que ele executa e o seu comprometimento subjetivo, abstendo-se dessa forma de questionar-se acerca das implicações éticas de seus atos" (Teixeira, 2001, p. 222). Teixeira acrescenta que a ausência de culpa na modernidade deve ser considerada não como acidental ou contingente, mas como uma necessidade intrínseca do capitalismo.

A existência da cultura depende, portanto, da possibilidade de ultrapassagem da condição narcísica e do reconhecimento de uma dívida simbólica, que revela a necessária presença do outro na constituição do humano e da transformação criativa da culpabilidade. A oposição fundamental não é a que se coloca entre o indivíduo e a civilização, mas antes a que se deflagra entre a vontade de manutenção do narcisismo, em que o eu tenta a qualquer custo manter o seu gozo e a necessidade simbólica que se constitui pelo reconhecimento da Lei, das diferenças e da alteridade.

Como articular a culpa com a criação? Que vias se abrem para a saída da ruminação culposa e sua vertente acusatória? Sair do lamento culposo é dar outros destinos para a necessidade de castigo, para o sacrifício, para a companhia indolente da morte, e assumir o desejo e a responsabilidade pelo próprio destino e o da cultura em que se vive.

Uma primeira condição necessária é o reconhecimento da maldade que a instaura. "Maldade de si para consigo! Amar ao próximo como a si mesmo não é aproximar-se da *própria* maldade?", pergunta Philippe Julien em *O estranho gozo do próximo* (1996, p. 109). Apoiando-se em Freud e Lacan, ele analisa as vicissitudes do preceito judaico-cristão "Amarás a teu próximo como a ti mesmo", situando a maldade projetada, no interior do próprio sujeito. Seria, então, necessário tornar-se "[...] vizinho o bastante de sua própria maldade para aí encontrar o próximo" (Lacan).

Ao descrever a conquista da "capacidade de se preocupar"[11], Winnicott (1963) também fala de um momento inicial no qual é necessário o reconhecimento dos impulsos destrutivos, presentes nas tentativas amorosas, para então, se iniciar o enriquecimento e refinamento que leva ao surgimento da compaixão, da preocupação com o outro. Mas não basta dizer que a consciência da destrutividade possibilita a atividade construtiva. É preciso também reconhecer os gestos construtivos; é no processo de integração desses dois movimentos – experiências simultâneas de amor e ódio, *acompanhadas da sobrevivência do*

[11] Para Winnicott (1963), a palavra "preocupação" é usada para descrever de modo positivo um fenômeno que é descrito, de modo negativo, pela palavra "culpa". Ele enfatiza a importância dessa derivação, mas não deixa de sustentar o valor e a necessidade do sentimento de culpa na constituição da natureza humana. A construção possibilitada pela preocupação não tem o sentido de expiação, refere-se antes à capacidade de transformação, de jogo. Essa questão é trabalhada em seus textos: "Agressão, culpa e reparação" (1960), "O desenvolvimento da capacidade de se preocupar" (1963), "A ausência do sentimento de culpa" (1966), que fazem parte de seu livro *Privação e delinquência* (1987).

objeto – que a destrutividade pode se transformar em fonte do brincar e do trabalhar. "O esforço construtivo é falso e pior do que insignificante, a não ser que se tenha atingido primeiro a destruição" (p. 147). A destrutividade tem, para ele, um valor positivo; é ela que cria a qualidade de externalidade.

Seria o perdão uma possibilidade de ultrapassagem da culpa, vivida como falta e pecado? Urânia Tourinho Peres (2001) lança essa hipótese argumentando que na ausência do perdão, a falta se esvai "no buraco da angústia e um emudecimento e uma surdez psíquica se instalam". Na enunciação do perdão faz-se o reconhecimento da falta e da culpabilidade constituinte de todo sujeito humano: "*Eu te constituo como faltoso, mas ao mesmo tempo te perdoo, pois também sou portador de uma falta,* é o que pode nos dizer o Outro" (p. 190). É a aceitação da insuficiência que possibilita o reconhecimento da dívida simbólica, e a instauração de uma filiação que se compromete com a herança recebida e sua necessária transformação.

É a partir do reconhecimento de um lugar vazio, insuficiente, que é possível construir, criar... Sublime-ação aquela que nos permite ultrapassar a angústia do desamparo sem que nos atolemos na culpa.

4.

Retratos da violência Cartograma da exclusão

Do rio que transborda, arrasta árvores e destrói casas, diz-se que é violento. Mas não se fala da violência das margens que o comprimem.

(Bertold Brecht)

Violenta ou pacífica, imposta ou voluntária, a segregação define o laço social característico do funcionamento do capitalismo hoje... ela é a outra face da moeda da globalização. (Lacan, *Conferências Italianas*)

A *desigualdade*

Pesquisa acerca dos indicadores sociais municipais do IBGE, divulgada no fim de dezembro de 2004, revela que praticamente uma em cada cinco famílias brasileiras vive em situação de alta vulnerabilidade. Os dados do IBGE tiveram como base o Censo de 2000 e levaram em consideração o rendimento médio mensal, nível de escolaridade, número de crianças por família, e crianças e adolescentes que trabalham. Para Marie-Pierre Poirier, representante da UNICEF no Brasil, os resultados ajudam a entender melhor a situação de pobreza de famílias com crianças: "A pobreza no Brasil tem cara de criança, e de criança do semiárido"; a desnutrição e a mortalidade infantil são os principais problemas dessa região, e em 75% das famílias, a renda per capita é inferior a meio salário mínimo. Da lista de 110 países publicada pelo Banco Mundial em 2003, o Brasil aparece em segundo lugar como um dos países mais desiguais quanto à distribuição de renda.

O trabalho

Em nota de rodapé ao *Mal-estar na cultura*, Freud (1930) acentuou o valor libidinal e cultural do trabalho:

"Nenhuma outra técnica de condução da vida liga o indivíduo tão fortemente à realidade como a insistência no trabalho, que ao menos o *inclui* de forma segura num fragmento da realidade, a comunidade humana" (p. 80, grifo meu).

Dados da OIT, publicados em 6/6/2003, mostram que o desemprego atinge 180 milhões de pessoas em todo o mundo; esse é o mais alto nível da história. Cerca de meio bilhão de pessoas estão subempregadas ou não trabalham em período integral. Metade da população mundial (aproximadamente 3 bilhões de pessoas) vive em condições de pobreza, com uma renda inferior a US$2,00 por dia. Na Grande São Paulo, o índice de desemprego entre a população economicamente ativa, em abril de 2004, segundo dados da Fundação Seade/ Dieese, foi de 20,7%.

Em 23 de junho de 2003, cerca de 15.000 pessoas (com nomes iniciados com A e B) tentaram se inscrever para o concurso de lixeiro da empresa municipal de limpeza urbana do Rio de Janeiro. Os candidatos que foram selecionados (6.000) terão até dois anos para serem chamados para repor as vagas deixadas por empregados que se afastarem nesse período. A exigência de escolaridade era de ter cursado até a quarta série do ensino fundamental, mas muitos candidatos tinham ensino médio completo e até curso superior.

Se para muitos o desemprego é uma realidade, para outros a ameaça disto vir a suceder transforma-os em empregados submissos e dedicados integralmente ao trabalho; o medo do desemprego torna-os vulneráveis às exigências internas ou externas de produzir. Em 1985, 26,1% dos assalariados trabalhavam mais do que o exigido em seus contratos. Em 2002 esse número saltou para 44,2%.

Mesmo trabalhando, certas funções inscrevem-se, no discurso social, como formas de humilhação social. Fernando Braga da Costa (2002) analisou, em sua tese de mestrado, a experiência cotidiana dos garis no campus universitário da USP. Em sua pesquisa, humilhação social, invisibilidade pública e reificação[1]

[1] A reificação configura-se como um processo histórico ligado às sociedades modernas e industriais nas quais tudo passa a contar como mercadoria. Os objetos, as relações e os próprios homens passam a ser considerados como coisas e valem pelo que deles se pode extrair como valor.

são apontadas como fenômenos intimamente vinculados, que se apresentam à consciência como fatos naturais e não como construções históricas, como sintoma social. "Aos poucos o humilhado conforma-se; se é tratado como quem ninguém vê, comporta-se como quem ninguém vê" (p. 86). Nessas condições, *a violência torna-se invisível e deixa de ser percebida como tal; naturaliza-se.*

A *escolaridade*

Estudo do MEC, divulgado em 4/6/2003, mostra que só em 19 cidades brasileiras os indivíduos têm em média oito anos de escolaridade e o índice dos que a interrompem é maior entre negros e pardos (72%) do que entre a população branca (28%). Além disso, no ensino fundamental brasileiro, mesmo atingindo a quarta série, 59% das crianças não sabem ler ou leem muito mal. Ou seja, embora seja possível apenas um mínimo de escolaridade, a qualidade da formação ainda é bastante questionável. Se considerarmos que a educação é o fator mais importante para a mobilidade social, e que filhos de pais não escolarizados tendem a se manter no mesmo nível, temos uma dimensão do risco trágico de exclusão para essas gerações e das consequências deletérias para o espaço social.

As mortes

"Sementeira de mortos. Muitos nascem só para aparecer na estatística das perdas, nunca dos importantes"
(Kleber de Araújo, 2004)

Em 2001, mais de 46.000 pessoas foram vítimas de homicídio, o que coloca o país na posição de um dos mais violentos do mundo: 27 homicídios para cada 100.000 habitantes. Nos países desenvolvidos da Europa e da Ásia a taxa é inferior a duas mortes para cada 100.000 habitantes. Mais de 90% desses homicídios foram realizados por armas de fogo.

Em março de 2002, a Secretaria Municipal de Desenvolvimento Trabalho e Solidariedade divulgou um levantamento com dados de 19 países no qual o Brasil ocupa o primeiro lugar no *ranking* em mortes violentas de jovens. Em Morro do Índio, bairro do Jardim Ângela, um dos distritos mais violentos da cidade de São Paulo, registraram-se, em 2002, 208 assassinatos para cada 100.000 habitantes. Este número é cinco vezes o da cidade de São Paulo, onde a proporção foi de 44 para cada 100.000 habitantes. Em Cali, na Colômbia, uma das cidades mais violentas do mundo, foram assassinados 91 em cada 100.000 habitantes.

Na 54ª Reunião anual da SBPC, realizada em julho de 2002, Felícia Madeira, pesquisadora da Fundação SEADE (Fundação Sistema Estadual de Análise de Dados), apresentou uma pesquisa mostrando que a maior concentração de homicídios de jovens na capital de São Paulo é encontrada em áreas de baixo poder aquisitivo nas zonas leste e sul, onde, justamente, a porcentagem de jovens é superior a 20% do total da população. Ela faz um alerta para os efeitos da "onda jovem" (aumento da população entre 15 e 24 anos na década de 1990) nas causas da violência urbana:

> Há pesquisas em vários países que mostram que há uma tensão muito grande em locais onde a proporção de jovens é superior a 20%. Eles costumam se organizar em grupos e disputar empregos, liderança e pontos de drogas, o que acaba gerando conflitos. (p. 14)

Confirmando sua análise, Luis Antonio Francisco de Souza (2003), pesquisador do Núcleo de estudos da violência da USP, afirma que "[...] as relações de apoio mútuo, as associações comunitárias e a igreja perderam espaço importante para organizações corrosivas atreladas à criminalidade organizada, ao contrabando de armas e ao tráfico de drogas" (p. 9); elas permitem um ganho imediato. Vive-se pouco, mas o "momento de glória" se sobrepõe a isso. Além disso, o risco é em si um valor.

No entanto, a ideia da desigualdade e da pobreza como causa de violência tem sido questionada. Outras pesquisas têm demonstrado um crescimento significativo nos índices de criminalidade entre jovens da classe média. A antropóloga Alba Zaluar (2004), coordenadora do NUPEVI (Núcleo de Pesquisa das Violências) da Universidade do Estado do Rio de Janeiro, afirma que, se a desigualdade explicasse a violência, todos os jovens pobres entrariam para o tráfico. Para ela, há no uso da violência *uma busca de reconhecimento e de imposição pelo medo*.

> Ao determinar a pobreza como causa da violência, estamos dando um peso que ela não tem e facilitando a criminalização dos pobres, porque leva à conclusão de que são eles os criminosos. Isso justificaria o fato de termos 90% de pobres entre nossos prisioneiros, quando sabemos que há juízes, banqueiros, comerciantes, deputados, senadores e governantes envolvidos no mundo da atividade criminosa. (p. 12)

Mais importante do que enfatizar a pobreza como causa da violência é pensar no que esses dados revelam em termos do "risco-presente-futuro" para essa geração. E se considerarmos que a adolescência é o momento da denúncia, do desvelamento, podemos deduzir que sua violência é a expressão da exclusão presente no espaço social. Revela-se o fracasso de uma repressão eficaz, o apelo à intervenção de representantes da autoridade simbolicamente reconhecidos e a impossibilidade de construção de projetos que sustentem a crença no futuro[2].

[2] Veja o texto "Adolescência: a dor de uma travessia prolongada", in *Desafios para a psicanálise contemporânea* (2003), no qual desenvolvo essa questão.

A descrença nas instituições

Embora se possa pensar nas exclusões econômicas e sociais gritantes como fatores importantes para a irrupção e manutenção da violência, *há do outro polo desse mapa social, uma violência corrosiva e aviltante que se manifesta através do crime organizado, dos atos do "colarinho branco", das práticas arbitrárias e violentas da polícia, da corrupção que permeia os poderes públicos e se expande para o tecido social, da inércia burocrática e da ineficiência que impede o acesso à justiça.* Em maio de 2003, a Ouvidoria das Polícias registrou a morte de 101 pessoas por policiais militares, o maior índice desde maio de 1998. A Anistia Internacional divulgou nesse mesmo mês seu relatório anual denunciando a violência policial no Brasil.

Na cidade de São Paulo, em novembro de 2003, um levantamento do Instituto Futuro Brasil, tendo como base 5.000 entrevistas, apontava que um em cada cinco habitantes fora vítima de crime violento nos últimos 12 meses e apenas um terço das vítimas procurara a polícia. Os entrevistados referiam descrença no trabalho policial e judicial e descrença no princípio de que todo crime deve ser punido. Uma parte considerável dos entrevistados considerava "quase natural" enfrentar atos de agressão com outros atos de agressão.

Surpreendente é, também, o levantamento feito pelo Consórcio Ibero-americano de Empresas de Investigação de Mercado e Assessoramento, entre junho e julho de 2001, em 14 países da América Latina, em Portugal e na Espanha. Ele visava determinar a confiança desses povos nas diferentes instituições.

As menos confiáveis foram os partidos políticos (15%; no Brasil, 10%), o Congresso (23%; no Brasil, 8%) e a Justiça (29%; no Brasil, 21%) e o país com índice de confiança institucional mais baixo foi o Brasil (34%)[3]. Estamos diante de um quadro de patologia das instituições, como o desenvolve Horácio Ribeiro de Sousa em seu texto *Institucionalismo, a perdição das instituições* (1984). Segundo o autor, as instituições acabam transformando seus objetivos iniciais em práticas perversas e dissimuladas que buscam unicamente manter a própria sobrevivência, independente das mudanças ocorridas nos contextos sociais de sua inserção. Sua energia produtiva é burocratizada e investida muito mais em sua reprodução do que em tarefas resolutivas ou criativas, pertinentes à sua demanda instituinte.

Como instituições mais confiáveis aparecem: em primeiro lugar a igreja (71%; no Brasil, 58%), seguida pela Educação (67%; no Brasil, 35% 6% lugar) e pelos noticiários de tv (65%; no Brasil, 54%). As Forças Armadas aparecem no Brasil, com um grau de confiabilidade de 53% (3° lugar), o que talvez aponte para uma percepção subliminar de um estado de guerra permanente ou para os restos de uma crença no regime autoritário como forma de resolução dos conflitos; um chamado à força das armas.

[3] Dados apresentados por Cláudio Weber Abramo na Folha de S. Paulo de 4/1/2002, p. A3.

A religião, como instituição secular, continua respondendo ao imaginário de uma força protetora contra o desamparo, restringindo o poder da ação transformadora dos homens. Em contraposição, o lugar que responderia por uma ação de escolha e responsabilidade a formação do Congresso é significativamente desqualificado. A religião continua sendo um dispositivo institucional que congrega pessoas, que cria laços sociais, que se expande pela falta de outros dispositivos que possibilitem inclusão social, e isto não pode ser minimizado. No entanto, temos assistido a uma retomada da secularização de seu poder; ela tem se expandido com virulência pelos meandros do Estado e usada como justificativa para a violência da maior parte dos conflitos atuais.

A humilhação social

> O mundo dos pobres é um mundo impedido e isto não pode deixar de amedrontar e até repugnar. Será preciso desafiar o sentimento tenaz, até certo ponto bem fundado, de que a ida aos bairros pobres é passagem para bairros de humanidade interditada. Nada mais embriagante do que a aversão aos bairros pobres sem densidade cultural: não é difícil passar da aversão pelo bairro ao desprezo pelos pobres e a ideias francamente racistas. (Gonçalves Filho, 1998, p. 33)

É esse impedimento ao convívio com outros homens; é esse lugar de humanidade interditada, de exclusão recorrente, que José Gonçalves Moura Filho tratará como um fenômeno de humilhação social; um fenômeno ao mesmo tempo psicológico e político:

> A humilhação crônica, longamente sofrida pelos pobres e seus ancestrais, é efeito da desigualdade política, indica a exclusão recorrente de uma classe inteira de homens para fora do âmbito intersubjetivo da iniciativa e da palavra. Mas é também de dentro, que no humilhado, a humilhação vem atacar. A humilhação vale como uma modalidade de angústia e, nesta medida, assume internamente como um impulso mórbido o corpo, o gesto, a imaginação e a voz do humilhado. (p. 15)

E é nessa medida que ele conclui "[...] que os pobres não esperam pela riqueza para serem homens: esperam pelos homens que também esperam por eles [...] pois, os homens dependem dos homens para saberem-se humanos" (p. 45).

Já dissemos anteriormente que o projeto identificatório se constrói com os sinais de pertinência e reconhecimento que o olhar dos pais (marcado por suas histórias e por seu lugar na cultura), e depois os olhares dos outros, oferecem a cada criança que faz sua entrada no mundo. Muitas crianças e adolescentes não conseguem ter acesso aos lugares tidos como privilegiados e crescem identificados a um não lugar ou a um lugar de deterioração, meninos de rua, egressos da Febem, favelados, pobres, bandidos. Esses estigmas lhes dão pele, sedimentam-se numa certeza, dificilmente erradicável, de que não têm direitos. Nessas condições, a submissão e a violência são respostas possíveis a essa desqualificação; são formas de construir um lugar.

As condições de desigualdade e de exclusão tornam aos que recebem essas marcas, forcluidos desde então de todos seus outros traços, estrangeiros em sua própria terra. Portadores da insuficiência que cada um tenta negar em si, sua existência torna-se uma ameaça. Buscando firmar-se na sua ideia totalitária de *identidade*[4], o *xenófobo* evita o confronto com a multiplicidade. *Eliminar* da vida ou da paisagem aqueles que incomodam segregando-os pode parecer para muitos "mais econômico" do que eliminar suas condições degradantes de existência. Estamos no campo do cinismo perverso. É urgente reverter esse jogo; já ultrapassamos em demasia o tempo limite.

[4] A respeito da ideia de identidade, veja a bela leitura de Edward Said (2004), a partir de Moisés e o monoteísmo, em Freud e os não europeus, na qual ele afirma: "Mais ousada é a exemplificação profunda de Freud do insight de que até para as mais definíveis, as mais identificáveis, as mais obstinadas identidades comunais para ele, esta era a identidade judaica existem limites inerentes, que as impedem de ser totalmente incorporadas em uma, e apenas uma identidade" (p. 81).

Histórias clínicas

Não levar em conta a incessante contaminação da psique pelo coletivo significa querer negar o múltiplo no próprio interior do sujeito e sua necessidade narcísica e vital de exercer um poder sobre o mundo[5].

Na clínica, as cenas violentas do cotidiano aparecem entremeadas com o medo e as angústias mais íntimas. Os sonhos repetem o traumático das cenas vividas e são uma tentativa de dar-lhe outros caminhos. Em alguns se constrói a ideia insistente de viajar, ir para fora; encontrar um fora imaginário sem perigos.

Alícia, na travessia conflituosa própria de sua juventude, não sabe se fica em São Paulo, termina seus estudos, leva a sério seus namoros, ou se vai para um outro país. Quer dar um tempo no caos do trânsito que a atormenta, no medo sempre presente de deixar os vidros abertos, no pedido dos pais para que não chegue sozinha tarde da noite, para que avise onde está e com quem...

Se na década de 1970 isso era visto como uma intrusão abusiva dos pais na autonomia de seus jovens filhos, hoje é uma medida de cuidado que a realidade parece justificar.

Alícia recebe *e-mails* avisando-a do perigo de algumas regiões e do risco de estacionar em certo *shopping center* (por enquanto quer-se acreditar que seja apenas um determinado

---

[5] Radmila Zygouris. *Pulsões de vida*. São Paulo: Escuta, 1999, p. 32.

lugar; logo isso se generalizará). Tem um sonho que me relata no meio de suas dúvidas entre deixar o país ou ficar (o "ficar", tal como nas aproximações amorosas, é sempre incerto; imaginariamente sem consequências, sem compromissos):

> Está nos arredores do *shopping center* [aquele onde ocorrem assaltos e sequestros-relâmpagos] e vai pegar seu carro. Vê um bando de assaltantes, uma gangue... Foge correndo e com muito medo, muito medo[6]. Encontra um caminho conhecido, familiar, uma lojinha onde entra esperando estar num lugar seguro. O dono da loja lhe diz com a maior displicência (depois ela acrescentará como se o que estivesse acontecendo fosse a coisa mais banal): "você está procurando o telefone para avisar dos assaltos; não é aqui; é na loja do lado" como se isso também já fosse banal, um telefone só para avisar assaltos!

A passagem de uma vida de dependência (a casa dos pais) para uma vida adulta, a travessia que qualquer jovem necessariamente deve empreender, coloca-o diante da angústia do desamparo e das incertezas. Mas, nessa passagem, algumas referências precisam ser constituídas. Será o medo do outro, o medo dos assaltos, a única referência? Não haverá alguém

[6] "Se os ladrões num sonho são ficção, nos diz Freud, o medo que acarretam é real. O afeto não é nem travestido nem transvalorizado" (Zygouris, 1999, p. 59). Mas dos sonhos que surgem em situações como as aqui descritas, não podemos negligenciar o fato de que os ladrões não são ficções.

que possa atender ao telefone? Responder, solidariamente, ao apelo de presença?

Em outro momento Alicia fala da dor de deixar o país, romper os laços já constituídos. A roupagem dessa dor revela a crueza dos restos diurnos: "Às vezes tudo parece tão bom! Estava com meu namorado tomando um café num lugar conhecido, à noite. Estávamos namorando e estava tudo bem. Pensei em como era bom estar aqui".

Mas, nesse momento, a cena amorosa torna-se traumática; a realidade irrompe como num pesadelo; dá corpo aos fantasmas infantis da sexualidade:

> De repente, entraram vários policiais armados com metralhadoras no bar. Nunca tinha visto uma cena assim (descreve as armas e a forma pela qual os guardas invadiram o lugar, marcando seu medo e sua indignação). Era um lugar onde estavam crianças pequenas, mães, jovens, não havia nada acontecendo lá que justificasse o que eles fizeram. Tinha sido um aviso falso; havia uma briga na rua e alguém chamou a polícia dizendo que estava havendo um tiroteio.

Entre o medo de ser pega por uma bala perdida e a indignação pelo que parecia um abuso de autoridade, retorna a vontade de desaparecer da situação, deixar o país. Mas, continua ela, "eu vou, mas minha família fica exposta a isso. Que fazer?". E o trabalho que ela me propõe é o da possível elaboração desse impasse. Dessa incerteza sobre as trocas possíveis. Um apelo de escuta, de reconhecimento de suas dores mais íntimas, mas também de reconhecimento daquilo que é provocado por um espaço social traumático[7]. E ela se aventura; descobre que as travessias são plásticas e que as distâncias não impedem a permanência dos afetos. É no ir e vir que ela vai construindo seu lugar de passagem.

Vejamos outra situação. Uma outra forma de olhar para essas cenas de violência.

As notícias de mães, avós, pais assassinados por seus filhos e netos são retomadas, nas sessões de alguns analisantes, acompanhadas da ideia terrível de que o mesmo poderia acontecer com eles. Curiosamente, o lugar de identificação não é o de que eles poderiam também matar, mas antes do lugar de vítimas. Novamente, assistimos ao esgarçamento dos limites daquilo que poderia ser o mundo fantasmático. Winnicott dizia que o meio ambiente atua como tranquilizador diante do terror dos fantasmas internos, pois coloca um limite, uma fronteira a essas construções. Mas o que vemos hoje é o inverso; o terror é internalizado e alimenta os fantasmas mais primários. "Tenho muito medo de ladrão, de ser assaltado, de pegar doenças como câncer e *aids*, e de solidão. Fantasmas não assustam mais, por causa da violência e das coisas que a gente vê na TV", dizia um menino de 14 anos anunciando a dor de se despedir de seus fantasmas da infância e se confrontar com um mundo tão cruel.

[7] Em outro texto, "Adolescência: a dor de uma travessia prolongada", in *Desafios para a psicanálise contemporânea* (São Paulo: Escuta, 2003), analiso a forma conflitante e aguda desses impasses num mundo onde fracassam as referências simbólicas.

Uma mãe, após uma briga terrível com a filha adolescente, refere-se a esses assassinatos recentes, e faz um movimento de repúdio e expulsão da filha. Mas, ao mesmo tempo, pede-me que atenda essa adolescente, e "a imunize contra o mal" (de quem? Da mãe ou da filha?). Encaminha-me, também, uma família (outra?) que, segundo ela, "vivem na mais completa desorganização e, se as coisas continuarem assim, o filho vai acabar matando os pais". "*Mata-se*" tornou-se o fantasma mais pregnante de nossa época.

Mas, para alguns, é possível uma outra construção; uma aproximação com a fragilidade e o desamparo. Pedro relata-me o assassinato à queima-roupa de um empresário no parque do Ibirapuera, lugar público e de lazer numa região privilegiada em São Paulo. Tece argumentos para justificar o que aconteceu: "era negociante, tinha dinheiro, estava metido com contrabando, tinha muitas dívidas". Porém, dá-se conta do movimento:

"A gente vai tentando achar uma razão para a violência, para tentar garantir que não acontecerá com qualquer um; não acontecerá comigo. Se não for assim, ninguém mais poderá passear tranquilo no parque".

Confronto inevitável com a violência e com a vulnerabilidade. Necessidade de criar alguma cisão para poder andar pelas ruas.

A inexistência de um lugar a quem "dar queixa" dos assaltos, a inutilidade de tentar "registrar" o traumático aparecem em cenas tomadas como "corriqueiras":

> Ontem, pela primeira vez em São Paulo (ele veio de outro Estado), presenciei um assalto. Estava na hora do almoço, diante do *shopping* de uma avenida sofisticada e cheia de movimento. Caminhava com dois amigos quando um moleque passou correndo e levou o relógio de um deles.

Passado o momento seguinte em que faz recriminações ao uso de um relógio valioso numa cidade como esta, permanece em silêncio. *E o que fizeram?* Pergunta de quem se inquieta com a inércia e a ausência de palavras solidárias. "Nada. Havia algo a fazer?", "Fazer um boletim de ocorrência?", "Pra quê?". *Para fazer registro... penso eu, enquanto me dou conta de que é ali, na análise, que ele o faz.* Registro do susto, do medo, das coisas valiosas que se podem perder, o tempo de vida, o prazer dos encontros. Registro necessário. Pedido de escuta do traumático, para poder sair da paralisia do medo; para não se tornar apático.

A *violência das armas: sequestro-relâmpago*

> *... do cano de uma arma emerge o comando mais efetivo, resultando na mais perfeita e instantânea obediência*[8].

Em entrevista à imprensa, o assaltante parece fazer parte de um filme de publicidade: "Eu roubava escritórios e pequenas

[8] Hannah Arendt.

agências bancárias. Mudei de ramo. Sequestro é mais fácil e mais seguro"[9].

O sequestro, numa cultura em que a violência se tornou corriqueira e banalizada, incide justamente naquilo que é privilegiado como forma de reconhecimento e sustentação do lugar social: os corpos-mercadoria; os corpos objetos. E ultrapassa as roupagens desse lugar ao ameaçar o que é mais radical para o sujeito: seu corpo, sua vida. Presentifica-se a proximidade da morte, o surgimento dos fantasmas mais primordiais: o desamparo, a impossibilidade de defesa diante da demanda imaginária de entrega absoluta; o risco de ser para o outro apenas um pedaço de carne, um instrumento passivo de seu gozo sádico.

Em seu ato, potencializa-se uma inversão imaginária de lugares; um jogo de inversão do poder sobre os corpos, ao corpo de "menos valia" corresponde agora o de "mais valentia"; ao corpo de "mais valia", o lugar de dejeto. Uma retomada do que Foucault (1977) apontava como o conflito entre o portador do "menos poder" (o valor do corpo do condenado) em oposição ao "mais poder" do corpo do soberano? Uma tentativa de rompimento da estereotipia desses lugares?

Se a troca de mercadorias não se efetiva, ou se ela traz riscos de um outro "reconhecimento", os corpos são eliminados... É mais fácil e mais seguro!

Violência e vulnerabilidade marcam nesse ato seu ponto de encontro. Ponto cego no qual se fagocitam as possibilidades

[9] Veja, 30/1/2002, p. 85.

de defesa. "Você só quer que *tudo* termine"; risco da dispersão no *nada*.

Depois de ter sido alvo de um sequestro-relâmpago, Clara evita sair à rua. Quando sai olha sempre pelo retrovisor quando vai parar. Sonda com o olhar as pessoas que passam na rua, se vê alguém suspeito, dá mais uma volta antes de estacionar o carro. As cenas do cotidiano e as notícias do jornal tornaram-se pré-figuradas. Nelas há sempre um possível assaltante; ela e ele à espreita um do outro. A paranoia ganhou legitimidade. Não dorme enquanto os filhos não chegam em casa. Qualquer telefonema a assusta; o sequestrador ficou com sua agenda de endereços. Na análise ela me previne também dos cuidados a ter quando saio. Cuidados com ela, com os filhos, comigo. *Tenta cuidar*, a posteriori, *daquilo que não pode ser prevenido*.

Relato da cena

Após um dia difícil de trabalho consegui chegar cedo em casa; por volta das 19h30. Abri a porta do carro e curvei-me para pegar os objetos jogados desordenadamente. Um jovem bem vestido aproximou-se. Parecia um amigo de meus filhos. Virei-me procurando adivinhar quem era. Experiência sinistra; num relâmpago a arma sob o casaco surpreendeu-me. Outro jovem rapidamente abriu a porta do lado e jogou-se no banco de trás. A ordem era repetida em voz alta: "Rápido, passe para o outro banco, não reaja".

Lembrei-me do último sequestro noticiado nos jornais. A jovem sequestrada convocara a população a rezar e tentara, no cativeiro, converter seus algozes. Surto de mania, pensara na ocasião. Agora, como quem busca uma resposta conhecida, só me ocorria rezar para não pensar no que poderia acontecer.

> A força transforma aquele que é submetido em coisa; exercida até o fim transforma o homem em cadáver. Era uma vez alguém, e, um instante depois não há mais ninguém. O pensamento da morte não pode ser sustentado senão por relances, assim que se sente que a morte é realmente possível. (Simone Weil, 1979, p. 319)

Várias voltas no quarteirão de casa. O jovem na direção era rápido e sociável. Deve ter feito um curso de relações públicas, pensei. Usava táticas de tranquilização; perguntava-me sobre a vida, o trabalho... É inquietante a arrogância onipotente desse jovem delinquente..., o domínio prepotente da situação, do corpo do outro, a ideia de que é possível estabelecer um diálogo com uma arma apontada na cabeça... de que é possível construir com a vítima um conluio de anulação do ato criminoso que executa.

O jovem atrás de mim começou a vasculhar minha bolsa: bilhetes, cartões, cheques, dinheiro, óculos. Paradoxo! Este foi o fato mais invasivo da história toda; sentia-me violentada a cada papel ou objeto que ele retirava da bolsa e jogava no chão. Prenúncio do risco de uma invasão no corpo?

Sai da área tão familiar e percorre outras ruas. Encontra o terceiro jovem, também armado. Troca de lugar com o do banco de trás. Está visivelmente drogado. Meus cartões com as senhas dos bancos seguem viagem com o que saiu do carro. Teremos de aguardar até que as operações terminem, diz o motorista. Ai da senhora se os dados não estiverem corretos!

Entre ameaças e chamadas ao jovem de trás que deixa visível, aos de fora, a arma que me aponta, vamos nos afastando dos lugares que conheço. As ruas são escuras e eles procuram outra vítima, talvez alguém tão descuidada como eu. O celular toca, a operação "saque dos bancos" foi realizada com sucesso. Um pouco de dinheiro a menos na minha conta; isto agora não me preocupa.

O "passeio" continua. Lembro-lhe da sua promessa de que me soltaria assim que retirasse o dinheiro do banco. Ilusão de que era possível haver um trato, contrato. O que há é mesmo um distrato.

Entramos num bairro de classe A, casas grandes, ruas desertas. Ele telefona para casa, fala com a mãe. Avisa que vai chegar um pouco tarde porque passará na casa de um amigo. Bom filho! Trata de tranquilizar a quem o espera. Do outro lado da linha, é possível que a mãe diga a um ouvinte imaginário: "Olha aí, seu moço, é o meu guri! Chega suado e veloz do batente e traz sempre um presente pra me encabular" (Chico Buarque).

Irrita-se porque não tenho celular. Penso que foi bom não o ter comprado; agora já estaria perdido. Tentativa ingênua de reverter a perda, de retomar alguma posição possível de domínio diante do risco do que estava sendo vivido.

Diz que vai me deixar logo ali na frente e que o carro ficará na outra rua. Acredito, é incrível como a gente quer acreditar em qualquer coisa quando tudo parece inacreditável[10]. Peço meus documentos. Quero resgatar minha identidade; juntar os pedaços. Ele também faz bem o seu papel, diz que sim, que os deixará no carro... Nada disso acontecerá. Demorarei a reencontrar o carro e dos documentos nunca terei notícia.

Perdida na rua, procuro ajuda nas casas próximas. Constatação sinistra: Ninguém quer ajudar. Pensam que serão assaltados. Chamam os seguranças. Não me permitem usar o telefone. Um guarda, que faz a segurança do bairro, oferece-se para me deixar na avenida de cima onde há mais trânsito e eu poderia encontrar um táxi; não pode deixar seu local de trabalho. Depois de muita insistência aceita chamar a polícia. A polícia demora.

Um morador acaba por se oferecer para me levar para a delegacia. Peço-lhe que avise minha família. No caminho conta-me o assalto que ele e a filha sofreram na semana anterior; desculpa-se por não ter me atendido logo. No gesto solidário, partilhamos o reconhecimento do medo.

Na delegacia outra surpresa. Não posso usar o telefone de uma instituição pública, pois eles estão muito ocupados. A

[10] É possível nos curarmos das crenças? "E será preciso nos curarmos disso, se crer é também, como o delírio, uma 'tentativa de cura' da morte em suas múltiplas imagens?" (Pontalis, 1991, p. 81).

recepcionista sugere-me o uso do telefone público na calçada defronte à delegacia. Tudo que eu menos queria era ir para a rua de novo. Tinha tido a ilusão ao pisar no "solo sagrado da delegacia" que agora estaria protegida e que cuidariam de mim e me levariam de volta, em segurança, para casa. Mas em que país eu pensara que estava? Foi o que me perguntou um amigo quando lhe falei desta aspiração de segurança e proteção.

Primeiro fazer a denúncia do assalto do carro, depois cancelar os cheques, os cartões, depois o boletim de ocorrência. A pessoa do outro lado da linha não tinha muita paciência, eu precisava saber todos os números e códigos e senhas e... Eu só queria ir para casa...

Eis que uma senhora se oferece para me levar. Ela acabara de ser assaltada também, mas ficara com o carro. Outro gesto solidário. Não faço o boletim de ocorrência porque ele pode ser feito perto de casa e, na realidade, o pessoal dessa delegacia queria mesmo era se ver livre de um pequeno incômodo. Com tanta coisa acontecendo o que significa mais um sequestro-relâmpago? Quantos acontecem por dia?

Chegada em casa. Acalmar-se e acalmar os outros. Ser acalmada também. Mas quero fazer o B. O. Por quê? Deixe para amanhã. Não posso. É imperioso. É preciso que algo de legalidade seja restabelecido. É preciso que alguém legitimamente investido escute e registre o que aconteceu. É preciso "acreditar", novamente a crença que se evitarão outras situações semelhantes.

Novas decepções. A delegacia mais próxima dirá que a rua onde moro não é de sua competência. Indica-me outra. Na outra, uma espera longa para ser atendida. Os papéis são preenchidos. Reconhecimento? O escrivão estranha a minha pergunta. Digo-lhe que guardei a imagem dos jovens e que os reconheceria. Ah, se a senhora quiser pode ir a tal lugar, evidentemente bastante distante e lá eles lhe mostrarão os álbuns com fotos para a senhora tentar reconhecer os assaltantes. Ah, mas nem adianta, a cada um que se prende, aparecem mais vinte no mesmo dia. Esses meninos são como "milho de pipoca": irrompem em qualquer lugar. Impotência.

Não farei o reconhecimento nos álbuns da polícia. Mas me encontrarei com rostos muito parecidos durante muito tempo. Imaginava-os sempre à espreita perto de casa. Uma dor no corpo, do lado onde fiquei próxima ao motorista-assaltante, persistiu por alguns meses. Meus filhos ficaram assustados. Queriam mudar de lugar. Achavam que isso ocorrera porque morávamos próximo a uma favela. Preconceito. Ilusão de que havia lugares seguros. O medo persistiu. Tornei-me mais cuidadosa.

Refazendo o corpo

O corpo é o suporte das histórias que vivemos. É como uma fortaleza da nossa intimidade. Ele está presente, "na ausência", como sombra de nossos afetos e pensamentos. As dores são uma das formas possíveis de anunciar sua existência. Freud já apontara para o lugar da dor como fator de percepção e configuração do corpo[11]:

> A psicofisiologia esclareceu suficientemente a forma pela qual o corpo ganha destaque no mundo das percepções. Também a dor parece desempenhar um papel nisto, e o modo pelo qual as enfermidades dolorosas contribuem para a percepção dos órgãos é, talvez, arquetípico do modo pelo qual se chega em geral à representação do corpo. (1923, p. 27)

Numa situação de ataque evidencia-se sua fragilidade que se estende ao psiquismo podendo provocar o desvanecimento do sujeito. O risco de demolição do corpo provoca uma demolição no Eu.

A ideia de "demolição do eu" é proposta por Marcelo Viñar (1992) ao analisar as experiências-limite da tortura. Ele descreve três momentos sucessivos: o primeiro visa à aniquilação do indivíduo e à destruição de seus valores e convicções; o segundo provoca uma experiência de desorganização da relação do sujeito consigo mesmo e com o mundo, este é o momento da "demolição"; o terceiro é a resolução dessa experiência-limite.

Mantendo a especificidade e radicalidade desses dois atos violentos, podemos pensar nas situações de sequestro, nas

---

[11] Ver os artigos "Introdução ao narcisismo" (1914) e "O eu e o isso" (1923).

quais a precariedade do corpo e a iminência da morte se fazem presentes, como experiências-limite e reconhecer o segundo momento descrito por Viñar como pertinente para sua análise. Podemos também, propor, de uma forma mais abrangente, que a demolição do código social pelo excesso de violência acaba sendo internalizada pelo eu e provocando uma ameaça de sua demolição e uma dispersão da imagem do corpo. As preocupações estéticas excessivas e as queixas somáticas, tão frequentes na atualidade, talvez sejam uma tentativa de afirmar "existência", de romper o circuito da dispersão.

Em estudo realizado no Hospital das Clínicas (São Paulo), Eduardo Ferreira Santos (2003), coordenador de um programa de atendimento às vítimas de sequestro, refere que os sintomas podem aparecer até cinco anos depois do trauma vivido. Primeiro surge o medo de sair de casa, a ansiedade, os problemas de memória e atenção. Depois, a insônia e os pesadelos, a paranoia de perseguição e os falsos reconhecimentos: a vítima pensa reconhecer o sequestrador em todos os lugares. Pode ocorrer, ainda, uma desorganização mental que atinge a capacidade de trabalho e o convívio social.

Mas a angústia diante do possível aniquilamento, do despojamento de si, do ataque ao corpo se anunciarão também, na maior parte dos casos relatados, pela dor. O corpo reaparece, "revive". A dor é uma tentativa de resgatar seu investimento narcísico, recompor sua integridade ameaçada. Libidinizá-lo. É também um apelo à presença do outro, seus cuidados, sua proteção; aquilo que faltou na experiência-limite do sequestro.

5.

APATIA. O SILÊNCIO DIANTE DA VIOLÊNCIA

A incapacidade para sensibilizar-se é um fenômeno patológico.

(Hannah Arendt)

Fragmentos

Seja dócil! Não exista. O abandono de si.

Na grande sala não há móveis, apenas a tela e o controle remoto. Sobre o tatame jogado no chão, um corpo aparentemente jovem. Seus dedos estão unidos ao controle remoto. Pode também ser o contrário. Sua boca entreaberta esboça um sorriso. Será um cacoete?

Na tela, emendam-se várias cenas.

De manhã, minha família acorda feliz e juntos comemos esse pão com a deliciosa margarina Mil Flores. Experimente você também!

> Qual é o pedido? Acordar feliz? Comer junto? Comer o pão? A margarina?
> A cena seguinte o tranquiliza.
> Acabe com suas preocupações financeiras. Onde você estiver seus negócios estarão bem-cuidados. Basta uma chamada, e nós, da Invest Mil responderemos a todas suas dúvidas.
> Dúvidas, quais eram mesmo as dúvidas?
> Não sabe para onde ir? Quer conhecer o mundo sem sair de casa? Acesse Ideias Mil. Nós fazemos seus projetos e suas malas. Venha para cá você também.
> Agora, as últimas notícias. Assista a seguir ao filme mais requisitado do ano. O que você faria se tivesse de ficar preso numa ilha deserta?
> Uma mensagem se insinua no fundo da tela. Ele faz menção de aproximar os olhos, mas ela chega antes que o gesto aconteça, *você não precisa existir; eu existo por você.*
> Seu corpo torna-se mais e mais dócil. Entrega-se ao lusco--fusco virtual. Quem são esses estranhos que entram e saem da casa?
> Dócil, o jovem permanece estendido. A tela é retirada. Sem barulho ou qualquer outra reação, ele simplesmente deixa de respirar. (Souza, 2003, p. 92)

A televisão, diz Pascal Bruckner (1995), constituiu-se na forma mais simples de preencher o tempo, saciando por procuração nossa sede de peripécias e derivativos fáceis. Combinou a evasão máxima com o mínimo de obrigações, tornando-se quase um meio de vida. Desligado diante dela, o sujeito parece reproduzir seu estado inicial de indiferenciação: infantiliza-se, torna-se apático ou entusiasma-se ilusoriamente com seu poder decisório sobre os acontecimentos do mundo. Há uma "comunhão" vicariante entre ele e as cenas televisadas; uma retomada da onipotência narcísica infantil.

Os *reality shows* criam a ilusão de participação coletiva; milhares de pessoas, numa contagem frenética, podem decidir se quem vai sair do paredão nesta semana é tal ou qual "novo astro". A sedução pela tela, pelos jogos eletrônicos ocupa grande parte do tempo dificultando a construção de laços sociais e a circulação necessária pelo mundo. Acentua o isolamento e o individualismo.

O relatório de uma pesquisa coordenada por Jeffrey Johnson, na Universidade Columbia, em Nova York, mostra uma relação significativa entre o comportamento violento e o número de horas que um sujeito adolescente ou jovem adulto permanece diante da televisão. Calligaris (2002), que citou a pesquisa em sua coluna da *Folha de S. Paulo*, esclarece que não se trata de uma analogia entre o tipo de programas assistidos, aqueles em que se veiculam cenas de violência e a violência na vida real; trata-se, diz ele, *do tempo passado diante da TV*. Essa inércia remeteria a um aumento da insatisfação com aquilo que somos, insatisfação própria da modernidade, e ampliaria o campo do devaneio para aquilo que poderíamos ser. A saída dessa submissão à TV poderia ser um movimento disruptivo no real; efeito da intolerância com o encontro realmente insatisfatório gerado pelas contradições da vida, ou da simples presença do outro que delimita o espaço físico por onde o "eu" magicamente poderia circular.

Nos últimos anos, o Japão se deparou com uma doença que os especialistas nomearam como "estado *hikikomori*"; doença do isolamento, da renúncia ao social. Para além de sua nomeação psiquiátrica, que é discutível, o que me chamou a atenção foram suas características. Elas se aproximam da cena com que iniciamos esse capítulo, e revelam os sintomas de uma profunda indiferença pelo mundo; de apatia. Seu quadro típico é o de um rapaz jovem que mora com os pais e abandona o trabalho ou os estudos, recusa-se a ver os amigos e se retira para seu quarto. Segundo reportagem do jornal *O Estado de S. Paulo*, de 22/2/2004, mais de um milhão de japoneses estão sofrendo dessa doença. Um terço deles tem mais de 30 anos e 25% vivem sozinhos no quarto há mais de 10 anos. Esse quadro ocorre numa sociedade que já há muito tempo sofre pelo alto índice de suicídio em suas crianças e jovens, que se jogam nas linhas de trem, rejeitando, no real da vida, a velocidade e as exigências sobre-humanas de seus dotes intelectuais e de sua capacidade para se tornarem vencedores. E é concomitante ao declínio da economia japonesa e à falta de emprego para todos. A "mobilização frenética" e violenta das sociedades pós-industriais encontra como resposta a "imobilidade fundamental".

A apatia, segundo o dicionário filosófico de Nicola Abbagnano (1998), pode ser entendida como insensibilidade, indiferença e desprezo em relação a todas as emoções. Na filosofia antiga, era considerada um ideal nobre a que se chegava mediante o exercício da virtude. Na idade moderna, com a valorização das emoções, a apatia passou a ser vista de forma negativa sendo interpretada como indolência, falta de vontade e de energia. Para o homem moderno, que, como vimos, atribui a possibilidade de suas realizações à exclusividade de sua determinação, e que se rege por ideais dificilmente alcançáveis, a apatia aparece como resposta e como espelho de sua insuficiência, de seu fracasso.

Como contraponto a esse estado da alma encontramos o *entusiasmo* e a *vontade*.

O entusiasmo revela uma inspiração divina, um estado de exaltação resultante da certeza de possuir a verdade e o bem. Na filosofia contemporânea, Jaspers definiu o homem entusiasmado como aquele que se deixa arrebatar e comover pela essencialidade, pela totalidade do mundo. Contudo, ele faz uma distinção, importante para os nossos tempos, entre uma atitude entusiástica e o fanatismo: na primeira há obstinação na defesa das ideias, mas abertura e vitalidade para o novo, no segundo, há um fechamento também obstinado.

Já a vontade aparece na filosofia, a partir de Santo Agostinho, como o princípio da ação em geral, ou seja, como apetição. Da mesma forma, Descartes faz uma íntima aproximação entre ações e vontade: "O que chamo de ações são todas as nossas vontades, porque sentimos que elas vêm diretamente de nosso espírito e parecem que só dependem dele".

As vontades, assim como os homens, podem ser fortes ou fracas. Uma vontade fraca é a que se manifesta na dificuldade para a ação e para o entusiasmo. Ora, se o que caracteriza os nossos tempos é a hiperintensidade, hipermobilidade, o moto--contínuo da ação, *a figura desviante* pode, então, ser *reconhecida pela impossibilidade de se "comover" com o mundo e pela vontade fraca*, sendo a apatia uma de suas manifestações. Mas não podemos negligenciar que o desvio é, também, o que permite explicitar o conflito existente na norma e fazer resistência à sua hegemonia. Se a violência pode ser entendida como um "excesso" do agir, uma "comoção" reativa intensa a qualquer estímulo perturbador, a apatia poderia ser entendida, também, como um ato de recusa a essa descarga imediata e como forma de denúncia de uma realidade dificilmente suportável.

Violeta não se fechou em seu quarto, mas tentou abolir o afeto de sua existência. Foi abandonada numa instituição aos dois anos de idade e passou por várias tentativas de adoção que não se concretizaram. Adotada aos cinco anos, viveu numa série de lugares diferentes; a mãe viaja muito e quer mostrar-lhe o mundo. Constituí-la a partir de lugares geográficos e não de um lugar de encontro. Uma casa onde permanecer era, no entanto, o que ela mais queria. A história escolar é marcada, também, por várias mudanças; a cada dificuldade é-lhe oferecida outra escola, numa expectativa mágica de que suas dificuldades desapareçam. Hoje, aos 15 anos, nada do que acontece a afeta. Parece não compreender as consequências do que vive; é como se não pudesse viver.

Camélia, bela jovem para quem os fatos da vida parecem não ter discriminação afetiva – *eles simplesmente acontecem* –, transita de um lugar para o outro cumprindo um certo ritual de viver. Nada de cores muito fortes, de paixões arrebatadoras, de inquietações que possam suscitar uma demora mais prolongada do pensamento, da angústia. Várias vezes ela me conta episódios de sua vida reveladores de uma violência da qual procura não se dar conta. Certa indiferença, ou apatia, que ela utiliza como forma de se defender do desamparo a que se veria exposta caso pudesse "perceber" o que vive.

Suas falas são breves; às vezes surge o murmúrio de uma queixa. Como quando me falou do cansaço e de certa irritação por não ter conseguido dormir. Pergunto-lhe o que aconteceu, e ela me conta que acompanhou uma amiga até o pronto-socorro. E continua falando de coisas de seu cotidiano com um tom monocórdio que convida a mais nada querer saber.

Quando consigo recuperar a ideia do pronto-socorro, pergunto-lhe novamente o que aconteceu. E ela me diz, então, que a amiga tinha sido assaltada e passara mal. Deduzo, a partir do que me descreve sobre o estado da amiga, que a cena do assalto fora muito violenta.

Em outro momento de sua análise, um fato semelhante me surpreende: fora a uma balada, num lugar distante do centro urbano, e quando saiu da festa, foi passando por uma fileira de carros que tinham as portas quebradas e pareciam invadidos. O seu carro estava nas mesmas condições, mas ela não se sobressalta com os acontecimentos... "Ah! Deixei o carro na oficina, logo estará pronto".

É essa mágica do "apagamento", da abolição do que perturba, que ela tenta sustentar. O acontecido ganha, assim, estatuto de "não vivido". Só que nessa tentativa outras marcas parecem desaparecer de seu espaço psíquico, as que poderiam fazer dela um sujeito encarnado em suas experiências de vida. Incapacidade de se implicar e se responsabilizar por uma transformação possível, mesmo que fosse apenas para se exaltar, denunciar e não permitir o apagamento das marcas. Mas, talvez, nessas situações, seja mesmo da evitação de um "pagamento" que se trata; aquele que se faz na travessia pela figura trágica do desamparo e que é concomitante ao luto pela perda dos pais protetores. Travessia que "o mundo" em que ela vive torna mais difícil.

Lívia reage. É com indignação que ela me conta a peregrinação que fez com seu pai doente para que fosse devidamente atendido nos serviços de saúde. Em sua fala, há um misto de admiração e revolta pelos que não reagem: "Sem direitos, sem assistência, pobres, miseráveis; eles não reagem". Uma senhora desmaiou na fila do atendimento médico. Seu pai, um velho senhor que precisava com urgência de um diagnóstico médico, teve seu exame seguidamente adiado, pois "o convênio não cobria aquele procedimento e o médico não tinha feito corretamente o pedido". Quando, enfim, perambulando por diferentes endereços, conseguiu que o pai se deitasse na maca na qual faria o exame, a máquina quebrou. "Tenho muito ódio, se pudesse matava todos os responsáveis por isso. Mas eles, os pobres, não reagem. Eles sim, são heróis, heróis porque sobrevivem, são heróis do cotidiano".

Fala ambígua, na qual se contrapõe a indignação, a possibilidade de reagir, ao "heroísmo" da falta de palavra, da resignação, da submissão a um sistema anônimo e burocrático. Estaria aí a ideia de que a revolta não é legítima? Ou de que ela seria tão violenta que "mataria a todos", como no sonho da jovem com que iniciamos este livro? Estaria o pai incluído nessas mortes? Além disso, sua fala é ambígua, porque, em nosso tempo, o heroísmo da sobrevivência e do cotidiano não está em alta; ele não compete com o heroísmo da glória narcísica em que os impedimentos éticos não fazem registro!

A mesma indignação aparece em outra fala: "Impossível passar pela rua impunemente. A menos que eu feche os olhos; que não veja". É o excesso de cenas de pauperização, de solicitações a cada parada no farol, de riscos de manter os vidros e os olhos abertos. Do "lado de fora", os efeitos são terríveis. Perguntaram a uma criança de nove anos, habitante da rua, o que era pior na sua vida, a resposta veio precisa: "ninguém falar comigo!", dor resultante da indiferença, do "ser inexistente" ao olhar dos outros.

"Fechar os olhos para não ver", adotar a estratégia do avestruz, não traz nenhuma garantia de imunidade. A impossibilidade de uma ação eficaz e necessária diante da crueldade da realidade também "faz sintoma". Em *Bem-vindo ao deserto do real*, Zizek (2003) reafirma o lugar do sintoma como efeito de uma ausência da ação social necessária:

> Quando perco uma oportunidade ética crucial e deixo de realizar a ação que "mudaria tudo", a própria inexistência do que *eu deveria ter feito* há de me perseguir para sempre: apesar de não existir o que eu não fiz, seu espectro continua a insistir[1]. (p. 37)

Sintomas que aparecem como angústia diante da consciência moral, apatia, medo, transtornos corporais, depressão; manifestações que cobrem o vazio da incapacidade de intervir eficazmente nas crises sociais e que se contrapõem à explosão furiosa da violência.

Retomemos a ideia da revolta. Ela é ainda possível? Poderá ser reconhecida como legítima? Em *Sentido e contrassenso da revolta*, Julia Kristeva (2000) discorre sobre a atualidade política e psicanalítica desse ato e sobre seus impasses. Vejamos algumas de suas teses principais; elas nos esclarecem a respeito de certos aspectos da violência e de sua contraface, a apatia.

A palavra *revolta* tem, desde suas origens, vários sentidos; alguns bastante distantes do campo histórico-político. No francês do século XVI, a palavra já aparece ligada à ideia de oposição, mas seu sentido histórico e político só se fixa no

[1] A afirmação de Zizek é feita a partir da seguinte citação de Santner: "Os sintomas registram não somente as tentativas fracassadas do passado, mas, mais modestamente, as ocasiões no passado em que se deixou de reagir ao chamado à ação ou à empatia pelos outros cujo sofrimento de alguma forma pertence à forma de vida de que se é parte. Ocupam o lugar de alguma coisa que está lá, que insiste na nossa vida, apesar de nunca ter chegado à completa consistência ontológica. Assim, os sintomas são, em certo sentido, os arquivos virtuais dos vazios ou, talvez melhor, defesas contra os vazios que persistem na experiência histórica" (p. 37-38).

século XVII e início do século XVIII. Nessa passagem pela etimologia, cuidadosamente detalhada por Kristeva, anuncia-se a possibilidade múltipla dos campos nos quais se pode vislumbrar a emergência da revolta.

Nas democracias atuais, pós-industriais e pós-comunistas, chamadas sociedades da imagem ou do espetáculo, evidencia-se o vazio de projetos e de poder político e revela-se o que Kristeva denomina de "[...] uma nova ordem mundial normalizadora e falsificável"[2]: "No lugar da proibição ou do poder inencontráveis, multiplicam-se as punições disciplinares e administrativas que reprimem, ou melhor, que normalizam todo o mundo" (p. 20), mas estas, em sendo apenas normas, podem ser adiadas, transgredidas, pervertidas. Nessa nova ordem, o corpo é invadido pela economia do mercado e pela ciência e a pessoa tende a desaparecer como singularidade subjetiva. A cultura, em sua primazia do espetáculo, do *show*, do divertimento, ameaça a possibilidade da crítica e da revolta.

Partindo da leitura de Freud, especialmente do complexo de Édipo e de sua marca primordial em *Totem e tabu*, em que se coadunam revolta e comemoração e, frisando a importância da *experiência*, Kristeva afirmará ousadamente que "[...] a felicidade só existe ao preço da revolta". Ou seja, a autonomia na vida passa, necessariamente, por uma *experiência de revolta* sem o que ficaremos na robotização ou numa vida de morte.

[2] Sua descrição aproxima-se da que Foucault descreveu como sociedades disciplinares.

"A revolta que se revela acompanhando a experiência íntima da felicidade é parte integrante do princípio do prazer" (p. 23).

Propõe, para reflexão, duas ocorrências da revolta na obra freudiana: a revolta edipiana e a do retorno do arcaico, no sentido do recalcado e do fora-do-tempo da pulsão, demarcando, na "revolta analítica", um antídoto para as ameaças da imobilidade e uma possibilidade para a desconstrução permanente das ideias apresentadas como universais pela cultura. É pela desconstrução dessas ideias que se pode evidenciar a alienação e a violência que elas veiculam.

No melhor dos casos, diz ela, a análise é um convite a que a pessoa se torne um narrador, um "romancista" de sua própria história (p. 57). E, nisso, vislumbra-se a possibilidade de um novo enlace para a pulsão, de uma nova criação. A falta de cultura-revolta e a "entrega de si" à superficialidade da cultura do entretenimento deixam os excluídos submetidos a "ideologias retrógradas, com *shows* e divertimentos que estão longe de satisfazer a exigência de prazer" (p. 23) e eles, então, se tornam briguentos, ou "normalizados" adormecidos.

Em seu texto, Julia Kristeva faz uma travessia pelos principais conceitos da obra freudiana e pelas experiências estéticas contemporâneas, convocando-nos a "[...] em vez de adormecer na nova ordem normalizadora, tentarmos *reanimar a chama* que tem tendência a se apagar, da *cultura-revolta*" (p. 26). A partir de sua análise, podemos vislumbrar a frágil passagem que há entre a apatia e a violência e o quanto essas figuras se contrapõem a um verdadeiro projeto de autonomia.

Entre a imobilidade e a violência, vislumbra-se, também, o espectro do medo. O medo não aponta apenas para o seu contrário, a coragem, mas configura um novo desejo, o de segurança, suscitando o pavor quanto a tudo, interno ou externo, que possa ameaçá-la (Chauí, 2002).

Medo dos perigos decorrentes da guerra, do terror, da miséria, do desemprego, da insegurança quanto ao futuro, da solidão, da ausência de alguém que, significativamente, suporte nossas demandas amorosas e de proteção. Medo do "outro" que pode sempre se travestir na figura do inimigo, mas medo também das paixões, da força pulsional que leva ao sofrimento ou à descarga compulsiva. Medo do desejo que convoca ao movimento, aos riscos, à insegurança. Medo da morte que se transforma em morte do viver.

O medo presentifica a fragilidade, a vulnerabilidade e o desamparo e pode levar a uma demanda de proteção onipotente. É por essa brecha que se infiltram as "legitimações" de práticas repressivas violentas e os abusos dos poderes autoritários.

Mas o medo como sinal, quando não leva à paralisia, pode ser uma forma de se manter alerta, de criar dispositivos de proteção e enlaces com forças coletivas menos destrutivas.

A apatia, ao contrário do medo ou da angústia-sinal, representa um ataque ao eu que percebe, uma tentativa de não reconhecimento, de redução ao mínimo possível das emoções, de anulação do desejo, e, portanto, uma insensibilidade aos sinais de perigo. A vida, como diz Drummond (1962), torna--se *menor*.

Vida menor
A fuga do real,
ainda mais longe a fuga do feérico,
mais longe de tudo, a fuga de si mesmo,
a fuga da fuga, o exílio
sem água e palavra, a perda
voluntária de amor e memória,
o eco
já não correspondendo ao apelo, e este fundindo-se,
a mão tornando-se enorme e desaparecendo
desfigurada, todos os gestos afinal impossíveis,
senão inúteis,
a desnecessidade do canto, a limpeza
da cor, nem braço a mover nem unha crescendo.
Não a morte, contudo.
Mas a vida: captada em sua forma irredutível,
já sem ornato ou comentário melódico,
Vida a que aspiramos como paz no cansaço
(não a morte),
vida mínima, essencial; um início; um sono;
menos que terra, sem calor; sem ciência nem ironia;
o que se possa desejar de menos cruel: vida
em que o ar, não respirado, mas me envolva;
nenhum gasto de tecidos; ausência deles;

> confusão entre manhã e tarde, já sem dor,
> porque o tempo não mais se divide em seções; o tempo
> elidido, domado.
> Não o morto nem o eterno ou o divino,
> apenas o vivo, o pequenino, calado, indiferente
> e solitário vivo.
> Isso eu procuro.

O que impera, na apatia, é a estagnação da pulsão de morte que tem como meta, segundo André Green (1988), realizar ao máximo uma função desobjetalizante, atacando todo o investimento de objeto, inclusive o investimento sobre o próprio eu. Isto o levou a defender a hipótese de um *narcisismo negativo* "[...] como aspiração ao nível zero que não se contentaria em recair sobre os objetos ou seus substitutos, mas sobre o próprio processo objetalizante" (p. 66). Não é na depressão que devemos pensar, diz ele, mas na "[...] afanise, no ascetismo, na anorexia do viver" (p. 26). E Radmila Zygouris (1999) propõe que "[...] é possível falar de pulsão de morte quando o tempo, enquanto experiência vivida de duração, desaparece" (p. 11). A imobilidade é a sua expressão.

Na apatia não há capacidade de mobilização, não há revolta, apenas conformismo. "Não há o que fazer", "Não há o que pensar", "não há porque sentir medo ou angústia". "Melhor não existir". Essa tendência à passividade tem sua origem na primeira relação do sujeito humano com o mundo e tem sido insistentemente reativada pela cultura do medo, ampliando, nas subjetividades atuais, a expressão significativa das figurações do masoquismo[3] e da perversão.

Se o oposto do amor não é o ódio, mas a indiferença, podemos supor que quando as cenas de violência se tornam excessivas e o desamparo predomina, o par amor-ódio é novamente substituído pela indiferença[4] – pela apatia – numa tentativa de abolição dos afetos, de autoconservação mínima, de retorno ilusório ao isolamento do eu-real inicial. Indiferença pelo que pode vir a acontecer e pelo que já aconteceu; passado e futuro, a própria dor e a empatia pelo sofrimento do outro, desaparecem do cenário vital.

No artigo sobre o narcisismo, Freud refere-se à indiferença como uma decorrência da diminuição da disposição ao amor em função de perturbações corporais. O sono é citado, logo a seguir, para exemplificar uma situação de retorno ao narcisismo em que a indiferença pelo mundo torna-se uma condição necessária. Nesse momento, a hipocondria,

[3] Freud reformulou, em 1924, sua concepção acerca do masoquismo, considerando-o como a manifestação mais próxima da pulsão de morte. A ideia de narcisismo negativo, proposta por André Green, é muito próxima dessa concepção. No entanto, ele insiste em manter uma diferenciação. Para ele, no masoquismo há uma passividade que exige a presença do Outro enquanto que no narcisismo trata-se de uma renúncia ao mundo, aos seus prazeres assim como aos seus desprazeres, de uma solidão absoluta. Como nas duas situações o que é descrito é uma tendência ao nível zero e, como é impossível supor a existência de um eu sem o outro, haveria que elucidar melhor os critérios dessa diferenciação. O que parece interessante no trabalho de André Green é a articulação que ele faz entre o narcisismo e a segunda teoria pulsional.

[4] A indiferença subordina-se ao ódio, à aversão, como um caso especial, depois de ter emergido, no início, como sua precursora.

as sensações corporais penosas e dolorosas são referências para se pensar a indiferença pelo mundo em função de um movimento regressivo, de uma estase da libido no Eu; o movimento é de uma sensação interna que pressiona pelo retorno da libido objetal. Em *Psicologia das massas e análise do eu*, a ênfase para explicar a indiferença, é colocada numa pressão externa; é a dissolução dos laços sociais, do lugar do líder, das desilusões, que esvazia o mundo que se torna, então, indiferente.

A violência como excesso impossível de ser elaborado, suportado, torna-se traumática e pode produzir essa recusa ao reconhecimento, conduzindo à indiferença e, se isto persevera, à enfermidade[5]. A apatia surge, então, como uma forma de "blindar a realidade", impedir sua proximidade, desinvestir, o que pode causar sofrimento... A questão é que esse movimento defensivo acaba, como já dissemos, se estendendo à própria capacidade perceptiva do eu, abolindo qualquer sensação ou possibilidade de discriminação com relação àquilo que é "vivido", em realidade "não vivido"; cria-se um vazio de percepção e de significação.

Em seu estudo sobre o narcisismo, Maria Claudia Vieira (1993) também ressalta esse aspecto como uma das soluções possíveis aos impasses no conflito entre o eu e a realidade: "Há ainda a possibilidade de um *investimento do nada, de uma*

[5] A situação é mais complexa; privilegiei apenas uma via para análise. Não se pode negligenciar o apelo ao fascínio que a violência também exerce, gerando uma demanda crescente de mais violência.

anestesia afetiva que neutralize ego, objeto, e as angústias advindas da relação entre os dois" (p. 479; destaques meus). E Micheline Enriquez descreve a finalidade da apatia "como uma tentativa de controle do corpo, da pulsão e do pensamento, a fim de se atingir uma insensibilidade afetiva que é a única situação psíquica possível de ser assumida para manter a coesão narcísica" (p. 11). Não experimentar o ódio e o sofrimento se tornam, assim, condição de sobrevivência.

Presença privilegiada da ação da pulsão de morte, a apatia não deixa lugar para o prazer e para o reconhecimento de um corpo erógeno; o corpo, aliás, parece em muitas situações desfalecer, adormecer, encerrar-se no "quarto escuro" do imobilismo. Em termos de transformação da realidade, há uma perda significativa para a cultura, já que toda a energia está voltada para essa função dessubjetivante.

Gilles Lipovetsky (1986) refere-se ao aspecto neutralizador da apatia ao descrever o cansaço persistente de uma grande parcela da sociedade contemporânea. Nenhuma ideologia política é capaz de entusiasmá-la, não há ídolos nem tabus, não há nenhuma imagem gloriosa de si mesmo, nenhum projeto histórico mobilizador; o vazio é a única referência:

> Que coisas hoje em dia não dão lugar a dramatizações e stress? Envelhecer, engordar, tornar-se feio, dormir, educar as crianças, sair de férias, tudo é um problema; as atividades elementares tornaram-se impossíveis. (p. 47)

> Desconectando os desejos dos dispositivos coletivos, imobilizando as energias, temperando os entusiasmos e indagações relacionados com o social, o sistema convida ao descanso, ao descompromisso emocional. (p. 37)

E como metáfora para esse estilo de vida, ele utiliza a imagem do *loft*, moda arquitetônica que transforma armazéns vazios em moradias "[...] uma forma de vida nos espaços abandonados, uma forma de transitar pelo deserto dos afetos e das paixões"(p. 33).

Mas essa não é mais uma boa imagem para descrever a apatia, pois o *loft* é, hoje em dia, uma forma de construção, de ocupação criativa dos espaços. A apatia não constrói; o sujeito fecha-se no "quarto escuro da vida". Para outros muitos o vazio tem sido preenchido com a ilusão dos fanatismos, dos fundamentalismos religiosos que logo se transformam em "fundamentos" da violência.

Que sutilezas habitam o liame entre a melancolia e a apatia?

Freud, já em 1895, no manuscrito G, chamara a atenção para a ligação entre a anestesia e a melancolia "tudo o que provoca anestesia favorece o desenvolvimento da melancolia". Trata-se, diz ele, de uma perda na vida psíquica; uma perda acompanhada de dor e empobrecimento. A apatia, nesse caso, é a manifestação silenciosa da melancolia na qual o que impera é um sentimento de "resignação ao pior", um sentimento de fracasso, prostração e abatimento.

Pontalis (1991), em sua poética descrição sobre *O homem imóvel*, desfaz essa proximidade. A apatia, em suas palavras, nos remete à ideia de êxtase. É por essa via, que se pode pensar na expansão atual das práticas corporais orientais, nas quais o que se visa é um estado de abolição ou de domínio das paixões; uma tentativa de tornar melhor "a vida menor".

> Ele deu seu nome a uma doença. E, no entanto, não era nem médico nem enfermo. Foi prontamente reconhecido como herói, o anti-herói que considerava toda e qualquer ação inútil pior, talvez: criminosa e que só gostava de uma coisa: ficar deitado. Seria esse um melancólico, ou seja, um ser eternamente possuído, perseguido, arruinado pelo objeto perdido? Não creio. Dele não tem os traços sombrios e atormentados. Ao contrário, vê-se em seu rosto, como nos relata alguém que o conheceu bem, uma luminosidade plácida de despreocupação; e quando porventura ressurge do fundo de sua alma uma sombra de inquietação, ela se dissipa como um suspiro. A apatia é seu estado, e a posição estendida, a mais favorável à manutenção desse estado. A inércia é nele mais que uma força: é um princípio [...] Se algum ódio povoa esse homem sensível e meigo, é o ódio ao tempo. (p. 9)

Parar para não ver o tempo passar; preservar o sono idílico da infância. Imobilizar-se como tentativa de romper com o ritmo frenético das demandas, da aceleração, da impulsividade.

A apatia inscreve-se justificadamente como o sintoma que habita o negativo da contemporaneidade cuja ideologia convoca ao fazer, ao agir, à produção incessante, ao brilho narcísico, à sobrevalorização do tempo: tempo é dinheiro.

Em situações mais graves, a apatia assemelha-se ao momento radical de uma psicose, tal como Freud o propõe no texto do narcisismo, quando se dá a retirada de todo investimento libidinal nos objetos[6]. E ainda como ele a define em *Neurose e psicose* (1924a): na qual assinala que, além de uma retirada do investimento nos objetos, há também uma perda de todo valor psíquico do mundo interior, o que se manifesta como apatia afetiva. Evidentemente não se trata nas situações a que nos referimos de um quadro de psicose; há um "como se", uma ausência do eu, uma tela em branco na qual não se inscrevem os sonhos. Em seu estudo sobre o narcisismo negativo, André Green (1988) propõe uma diferenciação que leva em conta as modalidades de investimento desse vazio: quando ele incide no afeto, temos a indiferença; quando na representação, temos a alucinação negativa e se é o pensamento que é afetado, temos o que ele denominou de psicose branca.

Referindo-se a situações bastante extremas, Alfredo Jerusalinsky (2004) também faz essa aproximação com a psicose e propõe o nome de psicotização artificial para a psicose que é decorrente das *vicissitudes drásticas* do discurso e das

[6] A megalomania seria já o investimento libidinal, secundário no eu e, nesse sentido, justifica-se a tese de Jurandir Freire Costa que vê no narcisismo uma estratégia de sobrevivência diante da violência.

experiências sociais, diferenciando-a da psicose que tem sua origem no fantasma parental. Cita um estudo da Organização das Nações Unidas (ONU) sobre os efeitos de psicotização produzidos pela guerrilha de Moçambique, que capturava crianças de nove ou dez anos e suas famílias e as obrigava a matar seus pais. Essas crianças se tornaram autômatos desprovidos de qualquer desejo; só obedeciam. Eram, então, colocadas na linha de frente do combate e entregues à morte. Bruno Betlheim descreve situações de "psicotização" semelhantes em crianças sobreviventes de campos de concentração. O traumático da experiência e a *ausência de um olhar significativo dos adultos*, que sofriam o mesmo desespero, encerraram-nas numa "fortaleza vazia".

A apatia, ao reduzir toda a vida psíquica ao simples "funcionamento operacional", aumenta, paradoxalmente, o risco da manipulação externa e da força coercitiva dos grupos. Já que "nada importa ou faz diferença", ela torna possível a obediência cega, e "[...] a aceleração de todas as experimentações, não só da exploração" (Lipovetsky, 1986, p. 43). O mal torna-se banal; deixar-se morrer ou deixar morrer são expressões dessa indiferença.

E não há só indivíduos que se deixam morrer, afirma André Green ao concluir seu estudo sobre o narcisismo de morte, "[...] há também civilizações inteiras que parecem sofrer de apatia, renunciando a seus ideais, soçobrando na passividade, sinal antecipador de seu desaparecimento, quando perderam qualquer ilusão sobre o futuro" (p. 308).

A parábola de *Dogville* (2003), filme de Lars von Trier, que se passa num vilarejo construído no *fim do mundo*, convoca-nos a abrir as cortinas, a não fechar os olhos para os efeitos da passividade, da sujeição e do conformismo, pois eles caminham de mãos dadas com o abuso e a exploração violenta. Inesperadamente, os lados se invertem e a intensidade do que fora recusado irrompe com a mesma violência que provocara seu desterro. A "experiência", a que se propõem os habitantes do lugar, é a da "aceitação" do estrangeiro. O estrangeiro, como sabemos, não é apenas aquele que chega; é também aquilo que desconhecemos ou ocultamos de nós mesmos. Acompanhemos, então, o desenrolar dessa parábola.

Passeando pelo loft *de* Dogville

Dogville é apresentado por Lars von Trier como uma fábula. A história se passa nos anos 1930, num pequeno vilarejo americano, mas poderia ser vivida em qualquer outra localidade. As saídas desse lugar são praticamente impossíveis. Impossíveis são, também, as saídas para a crueldade ali encenada.

A cidade é como um palco; lembra o espaço de um *loft*, um espaço vazio no qual os desenhos riscados no chão vão ganhando realidade; o traço do que não é visível, irrompe encarnado. Nesse jogo, antecipa-se o descortinamento do avesso. A fábula, contada por um narrador em *off*, revelará o surgimento de um jogo perverso: um coletivo que sai de seu isolamento rotineiro, desvitalizado, e se une para escravizar e abusar, de todas as formas, da estrangeira, recém-acolhida.

Moisés, o cachorro que dá nome à cidade, é quem anuncia a chegada da bela estrangeira. Reage enraivecido, pois a fome de Grace o destitui de seu bem mais precioso: seu osso. Como, então, confiar no que chega sem aviso e sem identidade?

"São tempos difíceis. Outros ainda aparecerão piores do que nós", profetiza um dos personagens, expressando a desilusão de quem já teve esperanças e, hoje, recusa a visão de seu sonho perdido, o idílio de uma vida no campo, a esperança de mudar que identifica no olhar de Grace, a que ainda se encanta.

É para responder ao desafio de Tom Edison Jr., o "minerador da alma humana", especialista em assuntos morais e escritor imaginário, que a cidade decide fazer a "experiência de aceitação" da jovem estrangeira. Essa "aceitação", no entanto, é condicional; é preciso que ela descubra uma forma de retribuir e se fazer amar. É preciso que ela se submeta.

Ninguém quer abrir as portas da hospitalidade, receber "essa estranha" em sua intimidade, tolerar reconhecê-la em sua diferença inquietante. Comprometer a apatia tão conhecida de seus dias. Solidarizar-se[7].

[7] Birman (2003) assim descreve a crescente volatilização da solidariedade: "Enquanto valor esta se encontra assustadoramente em baixa. Cada um por si e foda-se o resto parece ser o lema maior que define o ethos da atualidade, já que não podemos, além disso, contar mais com a ajuda de Deus em nosso mundo desencantado. A solidariedade seria, assim, o correlato de relações inter-humanas fundamentadas na alteridade. Para isso, no entanto, seria necessário que o sujeito reconhecesse o outro na diferença e singularidade, atributos da

Lentamente, Grace se aproxima. Acredita no bem absoluto e na possibilidade de conquistar todas as almas. Essa crença a impede de reconhecer o ódio. Entra nas casas, desvenda os segredos, abre as cortinas do que não quer ser visto, mas paga seu preço no jogo perverso: submete-se, cada vez mais...

Torna-se necessária. Sua "aceitação" é comemorada no dia da independência. Analogia irônica com a imaginária independência desse lugar, abandonado nos confins do mundo.

Se as suspeitas reaparecem, é preciso sujeitar-se mais intensamente. Se falha, o castigo deve ser severo, pois a falha é anúncio de existência. Seu perigo é substituído pela crueldade de seu controle. Surgem os caminhos proibidos; os que são exclusivos para os verdadeiros moradores. *Dogville*, tal como Moisés no início, mostra seus dentes... Estamos no "mundo-cão". Grace, que fugira da sujeição ao pai tirânico, deixa-se invadir pela perversão da demanda de amor. Ela pode ser "amada", "protegida", ao preço de não ser abre mão de seus desejos, de seu corpo, de seu pensamento... Queria conquistar as almas, mas é a dela que será assassinada. Identifica-se com o agressor e culpa-se pelo abuso sofrido.

A sexualidade é atuada em seu corpo, como um ato de descarga, que confirma a sujeição e o seu lugar denegrido. Tenta fugir, porém, agora, eles não podem mais permitir que ela se vá; é impossível ficar sem ter em quem agir o que foi desvendado. Alguém tem de lhes pagar por isso. Quando o

---

alteridade". Autocentrado, o "[...] sujeito da cultura do espetáculo encara o outro apenas como um objeto para seu usufruto" (p. 25).

estrangeiro chega tão perto se torna espelho e não se pode, simplesmente deixá-lo partir; é preciso eliminá-lo.

Encoleirada, destituída da liberdade de seus movimentos, apática, Grace continua obedecendo. Sem dor, pelo reflexo. Um pensamento interrompe o automatismo de seus atos; prenúncio da cólera assassina: "Ninguém mais dormirá nessa cama".

Ao final do filme, uma reviravolta! A bela estrangeira é entregue ao gângster pai raivoso, fora da lei de quem fugira. A cena inverte-se. O dominador passa ao lugar de dominado. A passividade de Grace revela o seu avesso; agora é ela que exterminará todos os seus algozes. "Olho por olho, dente por dente". Não se constituiu uma intermediação simbólica que pudesse tornar a punição legítima. Da sujeição absoluta irrompeu a retaliação vingativa.

Na imagem dos corpos assassinados, do *loft* vazio, do rosto dos exterminadores, uma constatação: não há inocentes. Acreditar no bem absoluto propicia o absoluto de seu reverso, o ódio aniquilador. Entregar-se ao estoicismo, a um mundo sem paixões, oferecer-se a todas as experimentações abusivas, deixar-se encoleirar, é mortífero. A "terra de ninguém" revela o fracasso das referências simbólicas. Da caixa de Pandora, escaparam os demônios. Segundo o mito, sobra nela a esperança. Em *Dogville* sobrou apenas o que não era humano, o cão, talvez o menos cruel dos personagens.

Numa interessante interpretação de um jovem de 23 anos, todos os personagens de *Dogville* seriam apenas aspectos da figura central, a apatia da vila, a subserviência da jovem fugitiva, a falsa construção filosófica do jovem líder do lugar, a crença absoluta no bem, a submissão subserviente, o ódio assassino, o medo da sexualidade, os gestos de abuso e violência. Ao término do filme, a caixa preta do psiquismo tem suas janelas abertas. Revelaram-se todos os fantasmas internos, todas as fraquezas possíveis. A jovem fugitiva expõe abertamente seu rosto; matou seus medos e, então, pôde partir para o mundo. Para ele, restou a esperança!

6.

Aberturas...

Um lugar para o estrangeiro

Um ato de hospitalidade só pode ser poético.

(Jacques Derrida)

Hospitalidade vem de hostis, que na origem latina tanto pode ser hostil como hóspede. *Xénos*, no grego antigo, designa o hóspede que se acolhe e se honra e *phobos* é a fuga, o pavor. Juntas, xenofobia, dão nome ao ódio ao estrangeiro. Revela-se, na raiz dos termos, a oscilação inquietante trazida pela presença do outro.

Hannah Arendt (2003) enfatiza o lugar de *imprevisibilidade* das ações do estrangeiro, um lugar onde mesmo as situações de terror absoluto não poderiam restringir a emergência de algo inesperado:

> A ação humana, como todos os fenômenos estritamente políticos, está estreitamente ligada à pluralidade humana, uma das condições fundamentais da vida humana, à medida

> que repousa no fato da natalidade, por meio do qual o mundo humano é constantemente invadido por estrangeiros, recém-chegados cujas ações e reações não podem ser previstas por aqueles que neles já se encontram e que dentro em breve irão deixá-lo. (p. 92)

É na mesma trilha que Derrida (2003) se refere a essa chegada: seus efeitos são sempre incalculáveis. É preciso pensar, inventar o que for preciso para não fechar os olhos a essa imprevisibilidade. Acolher de forma singular, acrescentando algo seu a este que chega, "que vem à sua casa, inesperadamente, sem convite". Sem nome próprio, sem nome de família, sem estatuto social. Acolhê-lo em sua condição de *outro absoluto*. Sem essa acolhida, ele só "[...] pode se introduzir na casa do hospedeiro como parasita, hóspede abusivo, ilegítimo, clandestino, passível de expulsão ou detenção" (p. 53).

Acolhida àquele que chega sem convite. Derrida a nomeia: *hospitalidade pura ou de visita*. Radicalidade utópica que acena para a exposição angustiante à presença do outro, para o espaço só possível no sonho, na miragem do ideal. Consiste em deixar sua casa aberta para o que chega sem avisos, que pode até ser alguém perigoso, alguém-si-próprio, capaz de fazer o mal. Autenticidade hospitaleira; na qual sequer há um lugar de morada: "Talvez apenas aquele que suporta a experiência da privação da casa possa oferecer hospitalidade" (p. 54).

Ela não tem registro na política e nem no direito; faz parte da virtualidade desejante dos homens. Instaura um desafio.

Não o do duelo das batalhas, mas o que poeticamente surge no canto dos repentistas. Passagem ao limite. Rompimento com a hostilidade que poderia permanecer primeira... Inclusão da alteridade do estrangeiro. Possibilidade de nomeação que só se constrói a partir da existência do outro. Abertura para a amizade.

Já a *hospitalidade de convite* é condicional. Supõe que o que chega se curve diante das regras em uso no lugar que o acolhe. Que transite pela mesma língua. Que espante o espanto. Que não se faça portador de poesia apesar da rima da ecolalia. Tentativa superficial de ser compreendido quando, em verdade, é um ser comprimido. Loucura da noite suprimida. Negação do incondicional. Negação que o reafirma.

As duas formas de hospitalidade são antinômicas, mas a exigência mútua é constitucional. "As leis condicionais deixariam de ser leis da hospitalidade se não fossem guiadas, inspiradas, aspiradas, exigidas mesmo pela lei da hospitalidade incondicional" (p. 71). Elas a pervertem, mas devem sempre poder fazê-lo, porque essa "perversibilidade é essencial, irredutível e necessária". A ordem do dia realiza-se em consonância com a loucura da noite.

A acolhida ao estrangeiro resgata a capacidade humana de construir, preservar e cuidar de um mundo que nos pode sobreviver e permanecer um lugar adequado à vida para os que vêm depois de nós (Arendt, 2003).

O outro, o estrangeiro e o oponente numa competição, não é um inimigo; só se transformam nisso por um pretexto para extravasar da crueldade, quando abusa da força ou do poder, talvez pelo temor da própria insuficiência.

Mas tolerar a diferença é uma tarefa inesgotável... Os outros como suportes do Outro[1] original, constituinte deixam sempre um resto inapreensível, enigmático, inquietante. Um resto que demanda trabalho psíquico e criação de novas ações e discursos. O paradoxo de *hostis* não pode ser simplesmente abolido.

> Falar com alguém é aceitar não introduzi-lo no sistema das coisas a saber ou dos seres a conhecer, é reconhecê-lo desconhecido e acolhê-lo estrangeiro, sem obrigá-lo a romper sua diferença. Neste sentido, a palavra é a terra prometida onde o exílio se realiza numa estadia.[2] (Maurice Blanchot)

Viver a "experiência do estrangeiro" e permitir o surgimento da compaixão são formas de enfrentamento da crueldade, do racismo, da xenofobia, da violência contra o outro. É por meio dessa experiência e da possibilidade de poder reconhecer o "desconhecido em si" que se revela, também, a potência da psicanálise. Espaço do Aberto. Aberto que consiste na acolhida do outro em sua condição de *outro absoluto*, sem rejeição ou terror.

---

[1] Sobre a conceituação do Outro como constituinte do sujeito humano e como discurso da cultura veja o capítulo 2 de Fernandes, L. R. *O olhar do engano: Autismo e Outro primordial.*

[2] A citação foi retirada do livro de Marcelo Viñar (1992, p. 130).

Um outro além: a linguagem também insiste

A linguagem é coisa delicada, de se pegar com as pontas dos dedos.
Um gesto mais brutal, e pronto: o nada.
A qualquer hora pode advir o fim.
O mais terrível de todos os medos. Mas, felizmente, não é bem assim.
Há uma saída falar, falar muito.
São as palavras que suportam o mundo,
não os ombros. Sem o "porquê", o "sim",
todos os ombros afundavam juntos.
Basta uma boca aberta (ou um rabisco num papel)
para salvar o universo.
Portanto, meus amigos, eu insisto: Falar sem parar.
Mesmo sem assunto[3].

Como enfrentar a violência resultante do abuso da agressividade, preservando o prazer na vida?

O poema citado enuncia um caminho. A linguagem e a criação que lhe é própria, como escudos contra a violência do "si mesmo" e do outro. A palavra, o sonho, o humor, a criação supõem, sempre, a presença de alguém; convocam ao enlace; são "sepulturas" para as reminiscências do terror...

Freud (1927) destacou a satisfação narcísica proveniente do ato criativo como um dos poderes que se opõem com êxito à hostilidade dentro da cultura. A arte, além de ser uma

[3] *Macau*, Paulo Henriques Britto, 2003.

possibilidade de elaboração dos terrores vividos, oferece satisfações substitutivas significativas para as renúncias a que a cultura obriga e realça os sentimentos de identificação necessários à preservação de todo grupo cultural.

Ele também viu no humor "dom precioso e raro" uma possibilidade de rompimento do conformismo e de desafio às circunstâncias desfavoráveis e abusivas, apresentando pela primeira vez, em sua metapsicologia, a face amorosa e consoladora do supereu (1927b). Quando, em 1938, recebeu das autoridades nazistas a permissão para deixar a Áustria, foi-lhe solicitado que assinasse um documento no qual declarava o tratamento adequado e correto que havia recebido das autoridades policiais. Freud o assina, mas acrescenta que doravante recomendará a Gestapo a todos seus amigos. É esse gesto-palavra de humor e ironia que lhe permite ludibriar a coerção a que foi submetido.

Falar sem parar, diz o poeta. Mesmo sem assunto, pois ele se constrói no próprio ato de falar. Ato que implica o outro, ata. Convite também presente no encontro analítico.

São tentativas para que os estados de sofrimento não se petrifiquem melancolicamente, nem se transformem em ações compulsivas de descarga. Tentativas desejantes para que deles possam advir os *gestos necessários* para a transformação destes tempos sombrios.

Ashley Montagu, em *A natureza da agressividade humana* (1978), descreve algumas formas culturais singulares para responder aos ataques sofridos. Elas se produzem em grupos bastante peculiares, mas são interessantes como revelação da multiplicidade possível no humano. Entre os esquimós, os utku de Back River, a noroeste da Baía de Hudson, a maneira tradicional de resolver as disputas é atacar o oponente com canções repreensivas. Isso se faz com acompanhamento musical e é fonte de diversão para todos os presentes. O mesmo se dá entre os esquimós da Groenlândia Oriental, onde o desafio cantado é utilizado para acalmar um ressentimento. Até o assassinato de um parente pode ser resolvido desse modo, especialmente se o parente que busca satisfação julgar-se um cantor tão competente que esteja certo da vitória. O talento do cantor, na verdade, iguala ou supera as façanhas da força bruta e dá maior prestígio.

Em nossa cultura os desafios, as histórias de cordel, a poesia do canto dos repentistas, também surgem, muitas vezes, como forma de resolução de rivalidades e como denúncia de situações de violência. A música, na época da ditadura, conseguiu se sobrepor à censura política e teve um lugar importante como forma de expressão e sustentação dos laços sociais. Minha geração guardou na memória o refrão do canto de Vandré: "Vem, vamos embora que esperar não é saber. Quem sabe faz a hora não espera acontecer", e o Cálice de vinho tinto de sangue que Chico Buarque e Gilberto Gil nos ofereciam como repúdio ao imperativo de silêncio; uma maneira de dizer que "a coisa aqui tá preta", mas "apesar de você, amanhã há de ser outro dia".

Retratando a violência dos guetos, as drogas, o sexo e o medo, a raiva e a exclusão, a cultura *hip-hop* forjou, para si, nas últimas décadas, uma nova identidade. O *rap* tornou-se seu arauto, anunciando a quebra com os paradigmas culturais, cortando e colando, "sampleando" músicas de todos os estilos e cores:

> Quem compra "pó" na Bocada? É o "*playboy*" de Audi importado. Quem é o bandido? O preto favelado. Quem é a vítima? O "menino" branco, coitado. Uma guerra entre asfalto e favela. Duas cidades em uma só. Um conflito armado entre cidadãos do mesmo espaço, onde ambos saem no jornal. Uns nas colunas sociais e outros nas páginas policiais. (Lucci, 2005)

Criou-se uma ponte entre o "*boy*" que curte o som dos "manos" e usa a roupa dos "manos" e o "mano" que compra as marcas e tênis importados, mas desenvolveu um estilo próprio na forma de usá-los. Continuará cada um no seu lugar? Talvez. Mas com sua música, com as letras furiosas, rimas inteligentes e perspicazes, "os manos" encontraram uma outra forma de reconhecimento.

A violência de nossa realidade tem sido tema de várias produções cinematográficas recentes. Mas, essa insistência é diferente da insistência de seus atos; ao ser transformada em linguagem, seja pela música, pelas letras, poéticas, furiosas, pelas imagens, coarta-se a descarga imediata, rompe-se o ocultamento e se instala um campo de discussão. Mudando-se o registro, abrem-se novos destinos. Criam-se recursos para a instalação da distância necessária ao pensamento. As produções culturais funcionam como "o terceiro" que impede a paralisia do fascínio especular, provocado pelo trágico.

Foi a peça *Gota d'água*, adaptação da *Medeia* de Eurípedes, feita por Chico Buarque e Paulo Pontes, que me sustentou no lugar de analista diante de uma situação de muita violência: o atendimento a uma mulher, que tentara matar seus três filhos, e à filha de nove anos, sobrevivente desse ataque. Na peça, a tragédia é representada numa favela, Jasão é um sambista e Medeia é uma mulher trabalhadora e sofredora. O drama dessa mãe trouxe-me à lembrança os versos do poeta:

"Para não ser trapo nem lixo; nem sombra, objeto, nada, ser esta besta danada. Me arrasto, berro, me xingo. Me mordo, babo, me mato. Me mato, mato e me vingo. Me vingo, me mato e mato".

Eles me ajudaram a encontrar palavras para o indizível e a poder escutar os grunhidos de dor dessa mulher e de sua filha[4].

Quando iniciei a escrita desse livro, estava sob o impacto da queda do World Trade Center, da guerra no Afeganistão e do início do ataque a Bagdá. As bombas em Israel e na Palestina eram, e ainda são, notícias diárias nos jornais. O conflito na ex-Iugoslávia tinha sido palco do filme *Terra de ninguém*, e me permitiu construir uma metáfora das questões que queria abordar. Encontrei-me com esse nome muitas outras vezes. Quero destacar dois desses encontros.

---

[4] O relato desse atendimento encontra-se em "O hospital: um espaço terapêutico?", na revista Percurso, ano V, n° 9, 1992.

O primeiro refere-se ao livro de Geovani Jacó de Freitas, *Ecos da violência – narrativas e relações de poder no nordeste canavieiro* (2003). No contexto cultural do mundo canavieiro alagoano, diz o autor, "[...] o medo está expresso no descumprimento do contrato social, conformando uma *terra do nunca e do ninguém*" (p. 102). Sua leitura revelou-me a complexidade e o horror dos conflitos cotidianos daqueles que trabalham na terra e lutam pela sobrevivência e pela inclusão social.

O segundo encontro está no título que Contardo Calligaris deu à sua coletânea de crônicas (2004), originalmente publicadas entre dezembro de 2000 e o fim de 2003, na *Folha de S. Paulo*. Nesse livro, Calligaris expõe os múltiplos retratos de "[...] nossa maneira de ser, de sentir, de viver juntos e de fazer cultura" (p. 10). *Terra de ninguém* tem, aqui, um outro sentido: refere-se a um lugar do fora, "[...] um bom lugar para pensar sem dever nada a ninguém, ou devendo o mínimo possível"; um lugar de onde advém a criação, os fragmentos, os encontros inesperados, as narrativas, muitas vezes hesitantes, com que vamos contando um pouco da nossa história. Um lugar do "entre", também estrangeiro, de onde é possível resgatar a coragem necessária para falar, escrever e agir.

Em janeiro de 2005 um outro encontro. Inesperado. *Nossa música*, filme de Jean-Luc Godard (2004), remeteu-me novamente à guerra da Bósnia e ao tema deste livro. É com música, palavras e imagens que este cineasta, testemunha polêmica e contundente de nosso tempo, constrói a narrativa da história violenta de nossa humanidade. O filme, falado em vários idiomas, revela um sofrimento que ultrapassa fronteiras e atinge a todos os homens: a guerra e a morte. "No tempo das fábulas, após a inundação do dilúvio, surgiram na terra os homens, que se exterminaram... O que admira é que ainda haja sobreviventes". Assim se inicia o seu relato sobre o reino do Inferno.

Sarajevo é o palco do segundo reino, o do Purgatório, onde se faz a passagem da culpa para o perdão. Ele começa com uma oração; um apelo ao pai: "Pai nosso que estais no céu, perdoai as nossas ofensas... somos todos culpados". É lá também que se realiza o Encontro Literário Europeu e nele, Godard fala, aos estudantes, sobre "Imagem e texto". Literatura, poesia e sonhos, acompanham a música da demolição e da reconstrução. "É preciso restaurar o passado para podermos viver o futuro". Mas "[...] pode um povo ser forte sem escrever poesia?"

"Por que os homens mais humanos não fazem revoluções?", pergunta uma jovem, e a resposta vem num tom sombrio, talvez irônico: "Os homens mais humanos não fazem revolução; constroem bibliotecas... e cemitérios". A morte é inexorável, mas, quando ela se torna um excesso provocado pela ação dos homens, turva o olhar. Nas cores e na exuberância das flores, dois cenários se confundem: o dos jardins... e o dos cemitérios.

Na reconstrução da ponte de Mostar, o resgate "das pedras sobre pedras"; na identificação de cada uma, um passeio pelo jogo da linguagem e pelo reconhecimento da alteridade. "Matar uma pessoa para defender uma ideia não é defender uma ideia, é matar uma pessoa".

Ao final, o terceiro reino, o paraíso. A beleza da água cristalina, que corre acompanhada por uma musicalidade intensa, é margeada pelo verde da floresta mítica e preservada. Os fuzileiros americanos tomam conta do lugar. Seus fuzis, no entanto, descansam. Há jogos, brincadeiras, risos, livros... Até a maçã é dividida, mas as figuras são estereotipadas, automatizadas, não tem a pregnância das cenas anteriores. Na passagem da câmera, o título de um livro anuncia sua impossibilidade: "Sem esperanças de retorno". A luz, "[...] primeira coisa visível no invisível" (esperança), não chegou ao paraíso, lugar para onde foi Olga, a que caminhando para a morte, se deixou matar pela paz!

Mudança de cena. Retorno, para terminar, à experiência analítica. Na resposta, sábia e criativa, dada por uma menina à crueldade da tirania, vislumbra-se a luz.

Sofia tinha cinco anos. Seu pai estava na prisão. Era um preso político; sequestrado pela ditadura argentina. A cada visita, Sofia levava seus desenhos com mensagens endereçadas ao pai. Na entrada, seus desenhos eram sistematicamente examinados. Um dia, a mulher que fazia o controle, risca com tinta preta o desenho das andorinhas que anunciavam a chegada da primavera. "É proibido desenhar pombas", diz-lhe em tom severo. Desde então, não se encontram mais pássaros nos desenhos de Sofia, mas ela desenha numerosos pares de pequenos círculos sobre os galhos das árvores. São os olhos dos pássaros escondidos (Marcelo Viñar, 1992)!

"São as palavras que suportam o mundo, não os ombros". Diante da violência, o silêncio é mortífero. É necessário resgatar a memória, produzir narrativas, contá-las aos outros, registrá-las, ludibriar a tirania, tentar salvar o pensamento construindo histórias e laços sociais. Inventar uma nova coletividade, *arriscando atos que parecem estar dentro das opções impossíveis*. Sem, no entanto, ignorar da palavra e do agir seu poder de fascínio, ferino e obsceno. Sua magia também conduz ao caminho das trevas no qual as múltiplas faces da violência o povoam.

"Vai, vai, vai, disse o pássaro: o gênero humano não pode suportar tanta realidade"[5].

E o gênero humano se foi, mas deixou escondidos os olhos-pomba de Sofia, reafirmando, assim, sua insistência em existir.

[5] T. S. Eliot, "Burnt Norton".

Referências bibliográficas

ABBAGNANO, N. *Dicionário de filosofia*. São Paulo: Martins Fontes, 1998.

AGAMBEN, G. *Estado de exceção*. São Paulo: Boitempo, 2004.

______. *Homo sacer*: o poder soberano e a vida nua I. Belo Horizonte: UFMG, 2002.

ALTHUSSER, L. *O futuro dura muito tempo*. São Paulo: Companhia das Letras, 1992.

ALVITO, M. Do corpo para ser visto ao corpo invisível: do teatro da crueldade ao império do terror. *Sexta-feira: Antropologia Artes Humanidades*, 4 ("Corpo"): 57-66, 1999.

ARENDT, H. *A condição humana*. Rio de Janeiro: Forense-Universitária, 1983.

______. *Eichmann em Jerusalém*: um relato sobre a banalidade do mal. São Paulo: Companhia das Letras, 2000.

______. *Sobre a violência*. Rio de Janeiro: Relume-Dumará, 2001.

______. *Entre o passado e o futuro*. São Paulo: Perspectiva, 2003.

______. *Origens do totalitarismo*. São Paulo: Companhia das Letras, 2004.

ASSOUN, P. L. *Freud & Nietzsche*: semelhanças e dessemelhanças. São Paulo: Brasiliense, 1989.

AULAGNIER, P. *A violência da interpretação*. Rio de Janeiro: Imago, 1979.

______. *Os destinos do prazer*. Rio de Janeiro: Imago, 1985.

BAUMAN, Z. *Modernidade líquida*. Rio de Janeiro: Jorge Zahar, 2001.

BIRMAN, J. *Psicanálise, ciência e cultura*. Rio de Janeiro: Jorge Zahar, 1994.

______. *Cartografias do feminino*. São Paulo: 34, 1999.

______. *Mal-estar na atualidade*. Rio de Janeiro: Civilização Brasileira, 2003.

BRITTO, P. H. *Macau*. São Paulo: Companhia das Letras, 2003.

BRUCKNER, P. *La tentación de la inocencia*. Barcelona: Anagrama, 1996.

BUARQUE, C. & PONTES, P. *Gota d'água*. Rio de Janeiro: Civilização Brasileira, 1975.

CALLIGARIS, C. Cuidado: o uso desse aparelho pode produzir violência. *Folha de S. Paulo* (Ilustrada), 18/04/2002.

______. Comilanças, bebedeiras e outros excessos. *Folha de S. Paulo* (Ilustrada). 02/01/2003.

______. Quem tem medo dos moradores de rua?. *Folha de S. Paulo* (Ilustrada). 26/08/2004.

______. *Terra de ninguém*. São Paulo: Publifolha, 2004.

______. Moralistas imorais. *Folha de S. Paulo* (Ilustrada). 24/02/2005.

CASTORIADIS, C. *O mundo fragmentado: as encruzilhadas do labirinto*/3. São Paulo: Paz e Terra, 1992.

CHAUÍ, M. Sobre o medo. In: *Os sentidos da paixão*. São Paulo: Companhia das Letras, 2002.

COSTA, F. B. *Garis*: um estudo de psicologia sobre invisibilidade pública. Dissertação de mestrado. São Paulo: Instituto de Psicologia da Universidade de São Paulo, 2002.

COSTA, J. F. *Violência e psicanálise*. Rio de Janeiro: Graal, 1984.

______. Narcisismo em tempos sombrios. In: *Percursos na história da psicanálise*. Rio de Janeiro: Taurus, 1988.

______. *Psicanálise e moral*. São Paulo: Educ, 1989.

DELACAMPAGNE, C. *La banalización del mal*: acerca de la indiferencia. Buenos Aires: Nueva Visión, 1999.

DERRIDA, J. *Estados-da-alma da psicanálise*: o impossível para além da soberana crueldade. São Paulo: Escuta, 2001.

______. *Da hospitalidade*. São Paulo:Escuta, 2003.

DERRIDA, J. & ROUDINESCO, E. *De que amanhã...* Diálogo. Rio de Janeiro: Jorge Zahar, 2004.

DRUMMOND DE ANDRADE, C. *Antologia poética*. Rio de Janeiro: Record, 1986.

DURKHEIM, E. *O suicídio*. São Paulo: Martins Fontes, 1987.

GORI, R. *Lógica das paixões*. Rio de Janeiro: Companhia de Freud, 2004.

ELIAS, N. (1939) *O processo civilizador*. Vol. 1: Uma história dos costumes. Rio de Janeiro: Jorge Zahar, 1994.

ENGELS, F. *O papel da violência na história*. Póvoa de Varzim: Gráfica Editora Poveira, s/d.

ENRIQUEZ, M. *Nas encruzilhadas do ódio*: paranoia, masoquismo, apatia. São Paulo: Escuta, 2000.

FERNANDES, L.R. *O olhar do engano*: autismo e Outro primordial. São Paulo: Escuta, 2000.

FOUCAULT, M. *Vigiar e punir*. Petrópolis: Vozes, 1977.

______. *Eu, Pierre Rivière, que degolei minha mãe, minha irmã e meu irmão*. Rio de Janeiro: Graal, 1984.

______. *História da loucura*. São Paulo: Perspectiva, 1991.

FREITAS, G. J. *Ecos da violência*. Rio de Janeiro: Relume-Dumará, 2003.

FREUD, S. (1893-1895) Estudos sobre a histeria. *Obras completas*. Buenos Aires: Amorrortu, 1994, v. 2.

______. (1895) Rascunho G. In: *A correspondência completa de S. Freud para W. Fliess*. Editado por Masson, J. M. Rio de Janeiro: Imago, 1986.

______. (1905) Três ensaios para uma teoria sexual. *Op. cit*., v. 7.

______. (1908) A moral sexual "cultural" e a nervosidade moderna. *Op. cit*., v. 9

______. (1913) Totem e tabu. *Op. cit*., v. 13.

______. (1914a) O Moisés de Michelângelo. *Op. cit*., v. 13.

______. (1914b) Introdução ao narcisismo. *Op. cit*., v. 14.

______. (1915a) Pulsões e seus destinos. *Op. cit*., v. 14.

______. (1915b) Sobre a guerra e a morte: temas da atualidade. *Op. cit*., v. 14.

______. (1916) Alguns tipos de caráter elucidados pelo trabalho psicanalítico. Seção III: Os que se tornam delinquentes por sentimento de culpa. *Op. cit*., v. 14.

______. (1918) História de uma neurose infantil. *Op. cit*., v. 17.

______. (1920) Mais além do princípio do prazer. *Op. cit*., v. 18

______. (1921) Psicologia das massas e análise do eu. *Op. cit*., v. 18.

______. (1924a) Neurose e psicose. *Op. cit.*, v. 19.

______. (1924b) O problema econômico do masoquismo. *Op. cit.*, v. 19.

______. (1925) A negação. *Op. cit.*, v. 19.

______. (1927) O futuro de uma ilusão. *Op. cit.*, v. 21.

______. (1930) O mal-estar na cultura. *Op. cit.*, v. 21.

______. (1932) A conquista do fogo. *Op. cit.*, v. 22

______. (1933a) Angústia e vida pulsional. *Op. cit.*, v. 22.

______. (1933b) Por que a guerra. *Op. cit.*, v. 22.

______. (1936) Carta a Romain Rolland (Uma perturbação da memória na Acrópole). *Op. cit.*, v. 22.

______. (1939) Moisés e a religião monoteísta. *Op. cit.*, v. 23.

GARCIA-ROZA, L. A. *O mal radical em Freud*. Rio de Janeiro: Jorge Zahar, 1990.

GEREZ-AMBERTÍN, M. *As vozes do supereu*. São Paulo: Cultura, 2003.

GIDDENS, A. *As consequências da modernidade*. Oeiras: Celta, 1998.

GIRARD, R. *A violência e o sagrado*. São Paulo: Paz e Terra, 1998.

GONÇALVES FILHO, J. M. Humilhação social: um problema político em psicologia. *Psicologia USP*, v. 9 n. 2, p. 11-67, 1998.

______.O bairro proletário e a hospitalidade. *Boletim de Psicologia*, 108: 27-47, 1998.

GORI, R. *Lógica das paixões*. Rio de Janeiro: Companhia de Freud, 2004.

GREEN, A. *Narcisismo de vida, narcisismo de morte*. São Paulo: Escuta, 1988.

HOBSBAWM, E. *Era dos extremos*: o breve século XX. 1914-1991. São Paulo: Companhia das Letras, 2002.

JERUSALINSKY, A. *Seminários III*. São Paulo: Lugar de Vida (Instituto de Psicologia da Universidade de São Paulo), 2004.

JULIEN, P. *O estranho gozo do próximo*. Rio de Janeiro: Jorge Zahar, 1996.

KRISTEVA, J. *Sentido e contrassenso da revolta*. Rio de Janeiro: Rocco, 2000.

KURZ, R. A ficção científica da terceirização. *Folha de S. Paulo* (Caderno Mais). 16 de novembro de 2003.

LACAN, J. (1936,1949) O estádio do espelho como formador da função do eu, tal como nos é revelado na experiência psicanalítica. *Boletim de novidades Pulsional*, n. 26 p. 16-22, 1991.

______. (1948) La agresividad em psicoanálisis. *Escritos 2*. Buenos Aires: Siglo Ventiuno, 1980.

LAPLANCHE, J. *Vida e morte em psicanálise*. Porto Alegre: Artes Médicas, 1985.

LECLAIRE, S. *O país do Outro*: o inconsciente. Rio de Janeiro: Jorge Zahar, 1992.

LEVI, P. *Os afogados e os sobreviventes*. São Paulo: Paz e Terra, 1990.

LIPOVETSKY, G. *La era del vacío*. Barcelona: Anagrama, 1986.

______. (2004) Entrevista à Folha de S. Paulo (Mais) em 14/03/2004, p. 5.

LÖWY, M. A Escola de Frankfurt e a modernidade. *Novos estudos CEBRAP*, n. 32. São Paulo, 1992.

LYOTARD, J. F. *A condição pós-moderna*. Lisboa: Gradiva, 1989.

MADEIRA, F. Entrevista à Folha de S. Paulo (Ciência) em 10.7.2002, A14.

MARIN, I. S. K. *Violências*. São Paulo: Escuta, 2002.

______. Sofrimento e violência na contemporaneidade: destinos subjetivos. In: *Leituras psicanalíticas da violência*. São Paulo: Casa do Psicólogo, 2004.

MASOTTA, O. *Dualidade psíquica*: modelo pulsional. São Paulo: Papirus, 1986.

MENEZES, L. C. *Fundamentos de uma clínica freudiana*. São Paulo: Casa do Psicólogo, 2001.

MONTAGU, A. *A natureza da agressividade humana*. Rio de Janeiro: Zahar, 1978.

OCARIZ, M. C. *O sintoma e a clínica psicanalítica*: o curável e o que não tem cura. São Paulo: Via Lettera, 2003.

OZ, A. *Contra o fanatismo*. Rio de Janeiro: Ediouro, 2004.

PELLEGRINO, H. Pacto edípico e pacto social. In PY, L.A. (Org.). *Grupo sobre grupo*. Rio de Janeiro: Rocco, 1987.

PEREIRA, M. E. C. *Pânico e desamparo*. São Paulo: Escuta, 1999.

PERES, U. T. *Mosaico de letras*: ensaios de psicanálise. São Paulo: Escuta, 1999.

______. A voz e a culpa. In: *Culpa*. São Paulo: Escuta, 2001.

PONTALIS, J. B. *Perder de vista*. Rio de Janeiro: Zahar, 1991.

RAULET, G. As duas faces da morte. Sobre o estatuto da agressividade e da pulsão de morte em O mal-estar na civilização. In: *Em torno de "O mal-estar na cultura", de Freud*. São Paulo: Escuta, 2002.

REALE Jr., M. O terror penal. *Folha de S. Paulo* (Opinião), 07/05/2003, p. A3.

REY-FLAUD, H. Os fundamentos metapsicológicos de O mal-estar na cultura. In: *Em torno de O mal-estar na cultura, de Freud*. São Paulo: Escuta, 2002.

RIBEIRO, R. J. *A sociedade contra o social*: o alto custo da vida pública no Brasil. Ensaios. São Paulo: Companhia das Letras, 2000.

RIDER, J. Cultivar o mal-estar ou civilizar a cultura. In: *Em torno de "O mal-estar na cultura", de Freud*. São Paulo: Escuta, 2002.

ROSA, J. G. *Primeiras estórias*. Rio de Janeiro: Nova Fronteira, 2001.

SANTOS, E. F. Crime rápido tem efeito duradouro. *Folha de S. Paulo* (Cotidiano), 02/06/2003, C6.

SAFOUAN, M. *La palabra o la muerte*. ¿Cómo es posible una sociedad humana? Buenos Aires: La Flor, 1994.

SAID, E. *Freud e os não europeus*. São Paulo: Boitempo, 2004.

SCLIAR, M. *Folha de S. Paulo* (Mais), 11/11/2001.

SOUSA, H. R. Institucionalismo: a perdição das instituições. *Temas*. São Paulo: IMESC, v. 1, n. 1, julho de 1984.

SOUZA, L. A. F. *Jornal de Psicologia do CRP*, jan/abril de 2003, p. 9.

SOUZA, M. L. R. O hospital: um espaço terapêutico?. *Percurso*, 5(9):22-28, 1992.

______. Adolescência: a dor de uma travessia prolongada. In: FUKS, L. B. & FERRAZ, F. C. (Orgs.). *Desafios para a psicanálise contemporânea*. São Paulo: Escuta, 2003.

SOUZA, M. L. R. & MORGENSTERN, A. *Mais além do sonhar*. São Paulo: Marco Zero, 2003.

SOUZA, M. M. *Os indesejáveis*: culpados até prova em contrário. São Paulo: Departamento de História. FFCHL/USP, 2001.

TANIS, B. *Circuitos da solidão*: entre a clínica e a cultura. São Paulo: Casa do Psicólogo, 2003.

TAUSSIG, M. *Xamanismo, colonialismo e o homem selvagem: um estudo sobre o terror e a cura*. São Paulo: Paz e Terra, 1993.

TEIXEIRA, M. R. A culpa na modernidade. In: *Culpa*. São Paulo: Escuta, 2001.

TODOROV, T. *Memória do mal, tentação do bem*: indagações sobre o século XX. São Paulo: Arx, 2002.

VIEIRA, M. C. *Narcisismo*. Dissertação de mestrado. São Paulo: PUC, 1993.

VIÑAR, M. & VIÑAR, M. *Exílio e tortura*. São Paulo: Escuta, 1992.

WEIL, S. A Ilíada ou o poema da força. In: *A condição operária e outros estudos sobre a opressão*. Rio de Janeiro: Paz e Terra, 1979.

WINNICOTT, D. W. *Privação e delinquência*. São Paulo: Martins Fontes, 1987.

ZALUAR, A. Entrevista à Folha de S. Paulo (Ciência) em 12/07/2004, p. 12.

ZIMBARDO, P. Abu Ghraib foi só o começo. *Folha de S. Paulo*, 17/01/2005, p. A10.

ZIZEK, S. *Bem-vindo ao deserto do real!*. São Paulo: Boitempo, 2003.

ZYGOURIS, R. *Pulsões de vida*. São Paulo: Escuta, 1999.

Impresso por:

Graphium
Gráfica e editora

Tel: (11) 2769-9056